JN439371

나 홀로, 나만의 낙서

팽성갑 시집

도서출판 경남

책머리에

몹시 망설였다. 그러나 낙서를 좋아하다 보니 부끄러움을 무릅쓰고 몽상부도夢想不到 고희의 나이에도 잔잔한 파문 같은 하얀 설레임을 느껴본다.

내가 글을 써본 경험은 고 박정희 대통령 당시 《전우신문》과 해군지에 시와 수필을 투고할 때마다 게재되어 원고료를 수령하면서 시사명의 원칙에 따라 작은 경련으로 가려오는 나의 작은 욕망의 그릇에 담고 싶었다.

그러나 불행하게도 취미 삼아 써보는 것도 한 잎 낙엽의 꿈으로 접을 수밖에 없었다. 나와 십년 차이였던 아내가 공직 생활 중의 병환이 퇴직 후에도 계속되어 정성껏 간병하였으나 결국 아내는 병원에서 사망함으로써 이제 나 홀로, 나만의 낙서를 일몰의 노을이 되어 쓰게 된 셈이다.

사랑하는 아내와 이별한 지 삼십구 년. 만리장천萬里長天 하늘을 보면서 언제나 명심불망銘心不忘 무시로 다가오는 아내가 생전에 좋아했던 나 홀로, 나만의 낙서를 올린다. 그리고 나를 도와준 가족들에게도 감사하고 친구 지인들에게도 고맙다는 말씀과 함께 늘 건강하시고 행복하길 바란다.

2015. 7.

명파 팽 성 갑

차례

제2부 진실은 영원하다

제3부 천문天文의 계절

제4부 미소꽃

제5부 높은 하늘 보면서

제1부

나 홀로 나만의 낙서

잔 하나

언제나 혼자라는 생각이
내 꼬리에 우표처럼…
필견의 휴대폰처럼…

혼자 모든 것을 하다 보니
버릇처럼 익숙해진 삶이
내 생활 속의 세월이라

조용히 원곡 없는 음악을 듣고
즐기는 시간이 가장 행복하다
아무것도 한 점 부럽지 않다

나의 이해가 꿈꾸는 집
시원한 물 한 모금을 담고 있는
나만의 정겨운 사랑의 잔 하나

차 한잔

거실에 음악이 흐른다
서로가 사랑했는데라는
패티김의 애절한 노래가
내 시간을 아련하게 한다

그것은 내 마음속에 깔린
나만의 고립무원의 흐느낌
원초적인 생명의 풀잎 소리
일상을 정리하는 시간이다

여전히 음악이 흐른다
하늘에 있는 나만의 아내
영원히 향기 있는 꽃으로
그리며 마시는 갈빛 차 한잔

나 홀로, 나만의 낙서 · 1

외로움이 살며시 다가오면
나는 가까운 산 언덕에 올라
알 수 없는 심장의 소리에서
눈물 빛깔의 아픔을 삼킨다

꿈이 흐려진 저 하늘 저편에
천상천하에 피는 아늑한 미소
그것은 마음 흔드는 풀뿌리
고독은 깨지 못한 묵묵부답

해맑은 묵시默視의 느낌에서
침묵을 깨는 생명의 소리에
파란 하늘이 눈 속에 들어와
살며시 움직이는 모나미 볼펜
무신불립 나 홀로 나만의 낙서
묵회默會 속에서 배운 깨달음

나 홀로, 나만의 낙서 · 2

부슬비가 소리 없이 내린다
비에 젖은 외로운 상념은
혼자 우산을 받쳐 들고서
중앙 로터리 광장을 걷는다

마음에서 흘러내리는 빗물
가슴에서 흘러내리는 빗물
내 호주머니 깊숙한 곳에
사장되어 있는 파란 기억들

한 시절 한 지붕 우산 속 추억
이제 혼자 우산 받쳐 돌면서
하나씩 더듬은 모나미 볼펜
안개 속 나 홀로 나만의 낙서
거처 없이 떠가는 구름처럼

나 홀로, 나만의 낙서 · 3

추억은 늘 피어 있는 향기
은은하고 아름다운 음악은
맑고도 곱다운 정신적 만남
밤을 채색하는 멋진 화가

운명에 순종하는 마음으로
서로가 서로를 아끼는 정성
복음 중 가장 큰 복음이다
나 홀로 사는 나만의 공간

색소폰의 애절한 음악이
마음을 조여매는 가려움
꽃별 따라 곱게 유희하는
마음 그리는 모나미 볼펜

새하얀 나 홀로 나만의 낙서
화화花火 밤하늘 숨은 밀어

나 홀로, 나만의 낙서 · 4

문화가 빠르게 발전함에 따라
삶의 의미도 다양하게 변하고
언어의 기능적 표현도 변하여
눈부신 색채로 포장한 물안개
생각이 갈리는 눈부신 동전 양면
세상은 불투명한 낯선 이방인들

모든 영역이 맘모니즘에 빠져
지배당하고 있는 고뇌와 불안
자기 것에 만족하지 못하고
남이 가지고 있는 것들에 대한
질투가 점철된 정신 질서 파괴로
불안과 고독감에 얼룩진 광분난무

맘몬 앞에 지조와 양심과 인격을
공공연하게 밟고 가는 층층 지도층
생각하면 심장이 마구 끓어오르고
생각하면 내시경도 잡지 못하는 병
힘없이 주저앉아 버리는 모나미 볼펜
나 홀로 나만의 낙서가 멈추어 버린다

등롱燈籠

아침으로 밝아오는 미소
저녁으로 끝맺는 축복
환희의 빛 넘치는 마음이다
출성出城부터 하늘을 향한 호소는
나뭇가지에 핀 신성한 개화開化처럼
피로한 육신을 애무한다
그것은 바람이 모여 소곤대는
설익은 과일처럼 수줍음을 피우는
잔잔한 울림의 낙서입니다

먼 옛날 삶의 문틈에서 용틀임해온
몇 겁의 겨울에 비친 헐벗은 모습은
흩어진 자세로 대기의 울림조차 무서운데
하늘에서 떨어지는 빗방울을 맞으며
순수한 생명을 포옹하는 절실한 소망은
내일을 향한 알뜰한 몸부림입니다

대지는 수목과 꽃들의 어머니
꽃향처럼 그윽한 눈빛에
바람은 잎새마다 찬미의 노래로
영원을 그리는 착하디 착한 마음
그것은 하늘을 향한 불굴不屈의 염원입니다

이제 눈이 시리도록 아픈 창공에
선망의 흐름으로 가슴 조이며
부르고 싶은 내 생각 속의 호언好言을
부르고 싶은 내 생각 속의 진언眞言을
부르고 싶은 내 생각 속의 철언哲言을
내 생각 속의 세월로 곱게 포장하리라

삼밀사 가는 길

삼밀사 가는 숲길
너무 좋은 죽담길에
바위들이 누운 채 쉬고 있다.

망개 열매 익어가는 빨간 가을
스님 목탁 소리 메아리 되고
구름이 머물던 한적한 자리에

사오십 대 여인이
와방臥房처럼 편안히 누워서
바람에 하늘거리는
산 소리를 듣고 있다

한 해 마지막 월일

한 해 마지막 월일을 보내면서
무엇을 잃어버린 것 같은 아쉬움이
나의 줄무늬 긴 코트를 저민다
남에게 말할 수 없는 침묵의 산책길에서
지난 한 해 발자국을 더듬어 본다

어쩔 수 없는 세월의 덫개 위에서
스스로 욕망의 신음을 토해내고 있었다
때로는 허공을 향하여 목메어 절규하였고
때로는 허공을 향하여 산문의 시를 만들었고
때로는 허공을 향하여 슬픈 노래를 불렀다

생기 잃은 나뭇가지에 매어 달린 낙엽
언제 떨어질지 모르는 낙일을 셈하며
눈꺼풀은 눈물로 뒤덮여 앞길이 망망하다
기회를 놓쳐버린 바보 같은 얼간이가
아주 늦은 시간의 끝에서 꿈을 움켜잡고

하늘을 향하여 정성 담아 비는 천운天運을
탄원의 눈물로 한 해 마지막 월일을 보낸다

목 련

하늘이 대지 위에 반사하는 햇살
그 얼굴 희다 못해 더욱 하얗고

추운 겨울과 따스한 봄 빛살 사이로
오가며 해마다 변함없이 반복하면서

망울 망울 봉오리 긴 겨울잠에서
마음 가슴앓이 앓이 참아온 긴 사연

치마 속 하얀 속살을 보이기 싫어서
수줍어 살며서 오듯이 가버리는 꽃

무극無極

내 존재의 첫출발은 미미한 작은 물방울
떨어지다가 부딪쳐서 묘한 인연 만들고
곡哭 같은 삶의 여로에 화음 몇 줄 그렸다

잘 살고 못 사는 것은 희기의 몸부림인 것을
그 알몸 습한 일보日步는 바람에게 주고
빈 하늘 굴절된 시각으로 무지개로 떴다가

생각도 꽃송이도 모두 지운 그 순간
꺼질 듯 다시 한번 빛을 파닥거리다가
천天 지地 외우며 이르게 된 무극無極

해변의 여인

여기는 깨끗하고 전통 깊은 진해구다
나는 해 질 녘 노을이 질 쯤에
가끔 진해루 해변을 찾는다

바다 표면에 연붉게 떠 있는
황혼의 간질스런 해조음이
시원한 바람결에 휘날리는
여인의 머리카락을 만진다

너무나 맑고 고운 표정이다
멀리서 항구를 향해 울리는
외로운 뱃고동 소리를 향하여
환희와 기쁨으로 무사 귀환을

손 흔들고 입 맞추며 응답하는
착하디 착한 해변의 그 여인

그 친구

하늘에 떠 있는 한 점의 구름
오늘 따라 쓸쓸하게 보이는 것
친구 중 친구였던 그 친구 때문인가
공직생활 중에도 퇴직한 후에도
변함없이 밀착해 온 그 친구가
분명히 살아 있는데 소식이 없다

명실名實 친구다운 친구는
상호相互 믿음과 의리로
상호 이해와 애경愛敬으로
그간 쌓아온 친구와의 우정이
이유 없이 끊어진 궁금한 요즈음
서로가 굳어져 버린 서로의 입술

목마른 사람이 먼저 우물을 판다는데
자존심이 밥먹여 주는 것도 아닌데
시간은 가고 인생도 여러 개 아닌데
누가 먼저 우물을 팔런지
알맹이 없는 불쾌지수 빈 깡통
살다보니 이것도 사는 재민가

밤은 깊은데

노을이 지면 도심의 거리는
서서히 깊은 밤으로 흘러서
삼라만상이 제자리를 찾아
안식의 꿈을 멋대로 그리고

여로旅路의 길 객수客愁에
젖어 뒤척이는 쓸쓸한 나그네
이미 시한時限을 넘은 밤은
쉬임 없이 계속 달려가고

노변의 가로등 불꽃 불빛은
객창客窓의 밤을 유혹한다

무궁화는 핀다

인간은 병든 동물이다
독일의 철학자 니체의 말이다
진실한 자아의 소리를 상실한 원죄
사회적 허영에 불 지핀 유행으로
시대 불화적인 게임의 유혹에

눈이 있어도 보지 못하고
귀가 있어도 듣지 못하고
입이 있어도 말하지 못하고
저속한 멜로디에 마비되어
감당할 수 없는 유혹의 윙크에
눈 뜨고 볼 수 없는 망가진 알몸

행복은 비단옷 속에 있지 않고
나와 당신 우리의 마음에 있음이니
우리는 반드시 성공할 수 있다
한마음 한뜻으로 교보일치하면
미래지향적인 광명 찬 내일은
언제나 무궁화는 활짝 핀다

생각하는 갈대

김해시 장유읍
논밭이 어우러진 들판 사이로
낙동강 맑은 물이 잔잔히 흐르는 곳
철새들의 알뜰한 보금자리가 되어
정답게 소곤거리는 그 모습 속에서
바람에 하늘거리는 연약한 갈대숲
나는 생각한다 고로 존재한다는
파스칼의 인간 성찰의 금언 앞에
나는 머리 숙여 가슴에 손을 올린다

자신을 스스로 의인이라고 생각하면서
자신을 스스로 죄인이라고 생각하고
자신을 스스로 죄인이라고 생각하면서
자신을 스스로 의인이라고 생각하는
인간 모순이 교차하는 갈림길에서
나는 파스칼이 남긴 마지막 임종의 말
신이여 저를 버리지 마옵소서 라고
한 말이 명심불망銘心不忘 무시無時로 다가와

나는 생각한다 고로 나는 존재한다
인간은 한 개의 갈대에 지나지 않는다
그러나 인간은 생각하는 갈대다

겨울 연꽃 겨울 무지개

진해구 경화동 대영인쇄소 옆
들판을 흐르는 물 고인 진흙탕물에
매섭게 부는 찬바람 세상 위에
밤새 쬐끔씩 자라는 겨울 야생 연꽃

어디에서 왔는지 알 수 없어도
진흙탕물 고인 버려진 땅에서
애잔한 미소 위에 뜬 보랏빛 무지개
수줍음을 피우는 연분홍 입술에

부드럽게 살며시 입술에 닿으니
아, 기묘奇妙한 만남의 일장 설화
겨울 연꽃 겨울 무지개

도시의 쓸쓸한 이야기

무더운 여름 어느 오후에
도시의 쓸쓸한 이야기
웃고 있어도 웃을 줄도 모르고
좋아해도 좋아한다고 말 못 하고
사랑해도 입에 담기 어려운 말
도대체 말 못 하는 도시의 바보는 누군가?
그건 아마 너와 나의 사이에
아주 작은 사랑의 이야기일 거다

야릇하게 찾아드는
낮잠 가운데서도
너희 얼굴 똑똑하게 그려보고
더욱 높아만 가는 하늘 끝에
너의 모든 것을 새겨두리라
우리의 작은 사랑의 이야기는
아직 여리고 슬픔의 연속이지만
언젠가는 믿을 때 또 한 페이지의
사랑 이야기를 메꾸어갈 수 있을 거다

노을 한 점

나이 먹고 보면 더 빨리 오고 빨리 가는 세월
대지는 쓸쓸히 노을 한줌 내 옷자락을 저민다
이제는 버릇처럼 닮아가는 침묵의 창가에서
지나간 세월의 어설픈 발자국을 더듬어 본다

스쳐가는 시간의 가지 끝에의 쓸쓸한 낙엽

어깨동무 친구들 이래저래 알게 된 친구들
지금 어떤 모습으로 변해 있을까
지금 못다 한 그리움으로 남아 있을까
회안悔顔의 안타까운 생각들로 쌓인다

마음의 미련은 누구에게나 있는 것

사랑도 미움도 행복도 불행도
나는 잠시 남은 그 길을 가고 있을 뿐
나는 잠시 남은 그 길을 머물고 있을 뿐
나이 먹고 보면 더 빨리 오고 빨리 가는 세월
대지는 쓸쓸히 노을 한줌 내 옷자락을 저민다

필봉筆鋒

문인은 필봉을 움직이는 귀한 사람이다
가물면 가문 속에서도
비 오면 비가 오는 속에서도
바람이 불면 부는 속에서도
환경에 관계없이 글을 쓰는 사람이다

글은 생각을 담는 그릇이다
한때의 감정이나 분망한 기분으로
써 내려가는 무책임한 수첩이 아니다
진실을 사랑하고 거짓을 미워하는
진리애의 정신을 정성껏 그려 낸다

문명과 문화 속에서도 참과 거짓을
당당하게 글로써 표현하는 자유를 가진다
허나 교만은 폭군적 악 비굴은 노예적 악이니
문인다운 인격을 팔지 말고
도리에 맞게 시사명의 원칙에 따라

천지간 신비를 글로 알리는 빛이 되어
어둠을 밝히고 숭고한 힘이 되어야 한다
그것이 문인은 필봉을 움직이는 귀한 사람이다

선택받은 땅

하나님이 창조하신 축복의 땅
감사하며 잘 가꾸어 후손에게 주고
산마다 명산 골마다 명당이라
산짐승들 뛰고 노는 신나는 평화
즐겁게 노래하는 산새들의 화음

아, 경이롭고 참 좋은 금수강산 대한

하나님이 창조하신 선택받은 땅
파손 없이 잘 지켜 후손에게 주면
산마다 골마다 아름답고 경치 좋아
만져보는 재미 쉬어가는 푸른 쉼터
맑고 깨끗하게 흐르는 물에 담은 몸

아, 경이롭고 참 좋은 금수강산 대한

해 저문 입술

짙은 내 영혼 깊고 깊은 속을
어떤 지우개로도 지울 수 없는
숨겨진 목소리의 고운 메아리
잊을 수 없는 그리운 이름 있어
무슨 언어로도 형용할 수 없는

눈물로 만들어진 씻겨진 사랑
내 영혼만이 알 수 있는 노래
외남 청혼으로 허물어진 성벽
대기의 울림도 거칠게 사납고
억센 바람도 계속 멈출지 몰라

할 수 없이 운명에 순응할 수밖에
사랑히기 때문에 헤어지는 아픔
사랑하기 때문에 보내주는 슬픔
눈물로 스쳐간 마지막 겹친 입술
아, 어쩌리 열정이 얼룩진 추억을

설한雪寒 속 솔방울

하루의 생활을 유불 없이 끝내고
조용히 안식이 찾아드는 시간쯤에
솔베지 창가에 앉아 사색에 젖어
공평무사公平無私 고독에의 깨달음

상상의 날개를 펴고 내가 나를 보면서
대화할 수 있는 의문 속의 그늘진 향수
너무 늦었다 할 때가 가장 빠른 것처럼
내가 만들어 먹을 수밖에 없는 뜬구름

나 홀로 나만의 불사조, 나의 눈물이여
한잔의 블랙커피와 마주하는 일상이
설한 속 매어 달린 외로운 솔방울 하나
왠지 멈출 수 없는 미련 속에 텅 빈 마음

사계절의 축사祝辭

봄이면 아이들의 웃음만큼
소박한 꽃씨를 내 화단에 뿌리고
여름이면 여좌천 벚나무 그늘에서
부드럽게 흐르는 맑은 물소리 듣고

가을이면 관음사 가는 사잇길에서
가냘프게 하늘거리는 코스모스를 보고
겨울이면 골목길 도는 모퉁이에서
구워 파는 구수한 붕어빵 먹고 보면
세상 사는 재미를 알게 되어

봄이 오면 향긋한 낭만적 향수를
여름이 오면 남녀가 출렁이는 바다를
가을이 오면 사랑이 익어가는 소리를
겨울이 오면 한 모금 따끈한 갈색 커피를

생각하기에 따라서 꿈꾸기에 따라서
우리네 사계절은 축복받은 계절이다

파일 속 향기

나의 파일 속에 누렇게 퇴색한
시詩 수필隨筆 수상隨想이
끼어 있어 숨어 있는 향기다
고 박정희 대통령 집권 당시
전우신문에 게재된 작품들인데
새삼스럽게 묵시의 향수香水처럼
흐뭇한 추억의 옛 노래가 되어

마음 가는 작품 몇 편을 소개하면
1. 시詩
  하나의 꽃잎이 질 때, 바닷가 점추
  군항의 밤, 군항도
2. 수필 · 수상
  어느 날의 우수, 이별의 호수
  파란 이별의 글씨, 저 푸른 하늘에
  저 파도 하나에, 향리의 문턱을 밟을 때까지
등이 있지만 매력 없는 가난한 사람의 글이라
볼품없어도 옛날을 그리는 수줍음은
현존의 현실에서 새로운 시발점을 찾아
높은 정신계의 봉우리를 오르는 것은
찬밥 신세의 주린 외로운 고독이다

아, 옛날이여 옛날이여…

코스모스 꽃

아, 코스모스다
광활한 들판의 초원에
바람이 익어가는 소리로
코스모스 꽃이 무리로 피었다

축복받은 씨 뿌림의 보람으로
천공의 바람에 하늘거리며
애처롭게 출렁거리는 연약함
수다를 부리듯 요리저리 흔들며

고운 미소로 응답하듯 서로서로
손잡고 왈츠의 내추럴 턴처럼
때로는 황홀한 발레리나처럼
경이로운 춤으로 속살거린다

아, 첫눈에 그 감각

흙 속 씨앗

지구는 도는가? 세월은 흐르는가?
도대체 어디로 돌며 흐르는가?
한 해 마지막 밤을 보내는 나의 솔직한 고백
이상理想을 높은 쟁반 위에 올려놓기에
침묵의 창가에서 발돋움해 온 한 해
무엇을 잃어버렸는지 알 수 없는 빙점에서

휴전의 웃음마저 잃어버린 한 잎의 낙엽
삶의 경계가 없는 막연한 세월 속에서
늦었지만 희망과 광맥을 찾아 헤맨다
호랑이는 죽어서 가죽을 남긴다는데
하물며 사람으로 태어나서 이게 뭔가?
짙은 무기질로 차갑게 죽은 콘크리트처럼

침묵으로 압도당한 감당할 수 없는 목마른 갈증
언제 어떻게 될런지 알 수 없는 막연한 나이에
내 혈관 속에서 파닥거리는 애절한 희망은
포기할 수 없는 가야금의 첫 줄 첫 울림으로
한 해를 조용히 마감하고 2015년은 반드시
밝은 햇살 한줌 흙 속에 씨앗을 심으리라

지구는 도는가? 세월은 흐르는가?
도대체 어디로 돌며 흐르는가?

까까머리 아이

나 어릴 적 초등학교 3학년 때
총총걸음으로 학교 가던 길
양철 지붕 짚 지붕 속의 기와집들
아침 이슬에 젖어 햇빛에 반사하여
어린 마음 닮은 아지랑이 꽃이 피었다

볼품없는 까까머리 학교 가던 길
구씨 약방 넓은 정원을 지나던 허공에
어느 날 부슬비 멈춘 위로 뜬 오색 무지개
신기하여 정신없이 멍하니 보고 있다가
아차 학교 늦겠다 급히 달려 도착하니

정문을 지키고 있던 주번 선생님이
이놈 왜 늦었어 물으시는 말씀에
오다가 정신없이 무지개하고 놀았어요
나는 선생님의 함박웃음을 뒤로하고
운동장을 달려 교실을 향해 가던 날을

칠순七旬이 되어 가만히 생각하니
어릴 적 까까머리 아이의 추억이다

산을 내려오면서

한풀 꺾인 채 다른 하나의 나를 본다
목놓아 외침도 없이 메아리는 돌아오고
황토빛 냄새만이 가슴에 젖는다

쓸쓸히 군락지 간판 하나가 서 있다
안개 속 햇살이 머리 위에 떨어지고
서럽게 지켜온 지난날이 눈을 붉히고 있다

숱한 아쉬움을 접고 산을 내려오면서
가지 끝에 매달린 눈물마저 숨기고
절절이 맺힌 사연들이 가슴을 찢는다

차라리 있을 수 있는 꿈으로만 접어놓고
다시 돌아오지 못할 모든 것 버리고라도
마음은 산 그리메서 조용히 머물고 싶다

하얀 파도 하나

아침으로 밝아 오는 해맑은 미소
춘간春間의 햇빛에 물오른 벚나무
살포시 포개지는 마음 자락 담는다

당당한 자세로 믿음직한 장복산아
울울창창鬱鬱蒼蒼한 우거진 숲을 열고
하늘을 향한 굳은 염원을 담고 있다

시원한 바다 꿈이 눈 뜨고 다가온다
시상詩想에 눈 뜨는 진해구의 멋
언제나 마음 흔드는 촉촉한 설레임
어린애 걸음마 같은 하얀 파도 하나

뱃고동 소리

진해구 바닷가에서
출렁거리는 물결
해 질 녘 노을로
너울거리는 꽃술 파도

먼 수평선에서
서서히 항구를 향해
무사히 귀환歸還을 알리는
해 저문 뱃고동 소리

아, 설레이는 마음
인생을 새롭게 느끼는 내겐
아름다운 원곡元曲 중의 원곡
다가오는 가장 황홀한 고독

4월이 오면

해마다 온화한 4월이 오면
노란 유채꽃 피는 여좌천을
불빛 벚꽃천이라 부르는가
음악과 낭만이 춤추는 거리
으레 찾는 수많은 상춘객

만개한 벚꽃의 아름다움을
알리는 밤 빛살 불꽃놀이에
마음 빼앗겨 버린 흥분으로
흥겨운 리듬에 춤추는 군항제

모두 즐겁고 흥겨운 모습이다
모두 멋지고 곱다운 모습이다
모두 꿈꾸고 애모의 모습이다

쉼 없이 움직이는 폰의 인기
유명모델을 능가하는 포즈들
한마음 한 마당 춘간의 축제
촉촉이 물오른 해맑은 미풍으로
시화詩化의 향기가 익어간다

석동 시화詩畵공원

친구의 안내로 석동에 전시된
몇 편의 시를 읽어 보았다
매우 기분이 맑고 좋았다
그중에서 친구의 시도 있었고
존경하는 교수님의 시도 있었다

나는 논객論客이 아니다
정성이 담긴 순수 논리적 언어와
기능성 표현이 곱게 가슴에 닿았다
그것은 밝고 환한 시상 문맥의 향수享受
나 홀로 나만의 목마른 낙서가

머물고 싶은 욕망의 마당에서
무엇을 잃어버린 것 같은
외롭고 아쉬운 마음 하나로
희망은 감미로운 세월로 알고
돌아서는 나의 발자국 소리

등산登山

산이 좋아서 산을 찾는 사람들
나이에 관계없이 즐기는 사람들
알고 몰라도 다정하게 인사 나누면
만사가 기분 좋은 낭만적인 사교장

봄이면 봄꽃 진달래 붉게 피고
여름이면 녹음방초 무성하고
가을이면 단풍과 낙엽도 보고
겨울이면 하늘거리는 눈도 보니
어느 하나 버릴 것 없는 춘하추동 사계

산수에 들어가면 흥겨운 지상천국
굽이도는 골마다 명당 중 명당이라
보고 즐기는 것으로 부르는 노래여
아, 대한 사람
대한으로 길이 보존하세

제2부

진실은 영원하다

오, 낙동강

오, 낙동강이여
갈대밭 불모지 모래 텃밭 사이로
오르고 내리는 해 저문 뱃고동 소리
수십 년 전 포화로 핏빛으로 물들었고
호국 영혼은 승리의 군가를 불렀다
그 시절 죽으면 산다는 영혼 불멸의 아우성

오, 낙동강이여

동족상잔의 절규찬 비극을 씻고
언제나 침묵으로 유유히 흘러간다
바람 따라 물결 따라 출렁이는 하얀 달밤
아름다운 월장성구 은하銀河의 언어여
강 좌우 모래가 은모래 빛살로 된 은입사
밤낚시질 즐기는 그림자들도 빛난다

오, 낙동강이여

꿈

12월 어느 날 그 오후
야산 노란 국화꽃 향기 그윽한 길
혼자 산책하기엔 너무 아쉬웠다
여자 친구라도 있었다면
손잡고 거닐고 싶었던 그 길

내 마음 알듯 머리 위에 뜬 무지개
어떠한 언어로도 꾸밀 수 없는
한 잎의 아름다운 그림엽서
그것은 한 해 마지막을 하늘이
나한테 내려준 축복받은 연하장이다

한참 동안 하얀 안개 속에 핀
그 무지개를 바라보면서 나는
잠시나마 복받은 외로운 나그네

산사山寺로 가는 길

황토빛 밟고 가는 길
산사로 가는 길가에
한 방울 한 방울씩 떨어진
물이 고인 작은 웅덩이에

구름 한점 내려와 목욕을 한다
옆에는 바위 방석이 누워 있어
산이 좋아 산을 타는
산사람들의 알뜰한 쉼터

물빛만 보고도 타는 목을 축인다
산사 노스님 한 분이 오르는 길에서
한점 구름처럼 산새 소리에
떠 있으시다

그리는 마음

기약 없는 기다림 속의
고요한 적막과 외로움은
애절한 그리움으로 목마르고
애틋한 마음 그대를 향해
오늘도 고독을 알리고자 해도
왠지 한숨으로 새어나오는 사연

동짓달 긴 대지 위에서
부시도록 쏟아지는 달빛에
의지할 곳 없는 몸을 맡기며
이저리 저저리 회색 진 거리에서
오직 그대 영상만 가득 그리며
오늘도 이 밤을 지새운다

인人의 철언哲言

즐거움은 스스로 만들어 먹는 열매다
뿌린 자에게 돌아오는 당연한 화답이다
수고의 노력 없이 산 정상을 정복할 수 없고
베푼 것 없이 찾아오는 한 조각 빵도 없다

사람 인人자는 서로 의지하고 만나는 것
나와 네가 만나는 우리의 마당이다
나라는 단수가 아닌 우리라는 복수 속에 사회가 있고
혼자라는 개념은 마른 가지에 끝에 달린 생명이다

사람은 본능적으로 살아가는 동물이 아니고
지성이라는 정신의 지혜를 가지고 살아간다
고로 사람만이 위선과 위악이라는 옷을 입고
선하지 않으면서 선한 체 악하지 않으면서 악한 체한다.

사람만이 위선이라는 유니폼과 위악이라는 유니폼을 입고
동전 양면의 그림자처럼 요리조리 옮겨 다닌다
소인은 이익에 밝고 군자는 의리에 밝다
소돔성과 고모라성은 의인 10명이 없어 망했다

오늘이 우리 인생의 첫날인 것처럼 살고
오늘이 우리 인생의 마지막 날인 것처럼 살아야 한다
썩지 않은 땅의 소금이 되고 어둠을 밝히는 빛이 되어
우리 모두가 잘 사는 것이 우주의 근원임을 알아야겠다

신성 불멸의 빛이 무엇인가
나와 네가 우리 모두 사람다움의 고귀한 인격체다
서로 존경의 질서 속에서 만나고 인간적인 만남이
영원히 녹슬지 않는 인간 관계의 향기로운 자유다

너를 보내며

너는 한 시절 동안 나의 동반자였다
기쁠 때나 슬플 때나 외로워할 때나
오랜 세월 동안 내 곁에서 위로해 준
너는 나의 다정스런 애인이었다

너는 한 시절 나의 착한 파랑새였다
푸른 하늘을 볼 때나 아름다운 산을 볼 때나
하얀 파도를 보고 소곤소곤한 미소로
너는 나의 아름다운 천사였다

너를 멀리로 떠나보낸 지금의 나의 존재
거센 바람의 홍수가 대지에 범람해도
함께한 그 모든 일들을 보석같이 마음에 담아
너는 나의 가슴에 마르지 않는 꽃이었다

너는 이제 나 아닌 다른 사람과 함께하며
나와 걸었던 똑같은 그런 길을 걷고 있겠지만
한마디 투정도 없이 운명에 순종하는 자세로
너는 나의 기도로 오늘도 행복을 먹고 있었다

사랑은 이렇게

사랑은 이렇게
우리의 가슴에 다가온다
조용한 가을바람처럼
새하얀 바다 물결처럼
수줍은 아지랑이 걸음마처럼

사랑은 이렇게
우리의 가슴에 다가온다
마음의 슬픔은 구름과 함께
가슴의 소망은 별빛과 함께
머리의 생각은 달빛과 함께

사랑은 이렇게
우리의 가슴에 다가온다

봄빛 소리

하늘빛은 안개빛이다
벚나무 가지마다 새 움트는 속삭임
순수한 몸매로 생명을 잉태하는 소리
남향에서 불어오는 달콤한 바람은
계절의 순환을 애무愛撫하는 연가다

아, 향기로운 도시 군항도
아담하고 신성한 선택받은 축복의 땅
동서남북이 우리 꽃 벚꽃을 피우기 위해
맑고 고운 하얀 아지랑이 빛이다
물오른 자연의 부드러운 피부다

아, 어느새
아름다운 벚꽃이 만개한
창원시 진해구의 빛이다

하얀 소리

높다란 나무 사이로 햇빛이 드는 숲 속
아득히 내려 보이는 산들을 보면서
해 질 무렵 나뭇가지 사이로 하늘 보면
분홍빛으로 부서지는 냇물 소리

숲 속의 소리는 나무 입김의 소리
감각의 혼류는 무명 시인의 소리
붉은 노을이 지고 어두워지기 전
하늘의 빛을 받아 부서지는 하얀 빛

동시 공감의 체험은 신비스럽기만 하다
사물들은 빛과 울림으로 변화되고
끝내는 진극의 맑음과 고요의 공간으로
모두가 우주 속에 숨은 신비한 하얀 소리

영원을 그리며 사모할 때

화려한 문화의 높이가 높아질수록
인간의 감정과 생활은 더욱 어지럽고
삶 자체가 헛되고 소외된 것처럼
인생이 허무하다 할 때 망각 속에서
수고의 노력 없이 숨어버리는 사람
숨 쉬는 입에서 책임 없이 뱉는 말씀
하려고 해도 일이 없다는 능숙한 변명

시인들은 한결같이 허무를 노래하고
작가들은 허무를 그리는 자연스런 논객
인간에게 어두운 허무와 절망이 있다
허나 의미 없이 태어난 사람은 없다
영원을 간절히 그리고 사모하는 마음은
분명 허무와 절망의 시간이 아니다

오히려 영원을 그리며 사모하는 마음은
어둠을 밀어내고 밝은 빛을 보는 것이니
영원을 간절히 그리며 손 모아 사모할 때
인생의 허무와 절망은 사라진다
당신과 나 우리와 우리로부터…

그 노래를

깊은 내 영혼 속에
어떠한 언어로도 꾸밀 수 없는 노래가
섬세한 표피로 둘러싸고 있어
내 영혼이 아니면 알 수 없는 노래를
누구를 향하여 부르겠는가

호수에 빛나는 별이 비치는 것처럼
살며시 장미꽃의 비밀을 선포하듯이
나는 애절한 눈물로 그 노래를 부른다
가슴 아린 외침으로 허공을 향하여
외로운 아리아가 되어 부르는 노래

기쁨과 한숨과 감미로운 신음으로
대지에 결합된 씨 뿌림의 그 감격을
나 홀로 나만의 그 노래를 부른다

빗속의 편지

하늘이 한없이 울고 있나봐
소망을 피우지 못한 나를 보고
쭈르륵 사납게 쏟아붓는 빗소리
오늘이 가면 또 내일이 오늘이 되어
나는 설움의 조각을 만지작거린다

강한 열기 품어 다가갈 수 없는 곳
정말 기회란 두번 다시 오지 않나 봐
오래전 기회를 놓쳐버린 바보 얼간이
혼절의 마음 몽상부도夢想不到 등단登壇의 문
현실의 테두리 안으로 들어가기엔

낭떠러지 나무 끝에 매달린 한 잎의 낙엽
시詩는 발견이고 언어 원리의 리듬이다
침묵과 계시와 영감으로 짜여지는 언어이다
불립문자不立文字 언어 기능적 표현이라
여하튼 쉬지 않고 갈 데까지 가보자

주남저수지

창원시 관역에 속한 저수지
흘러내리는 물을 저장하여
가뭄을 대비하는 물길 속에

혼절昏絕한 버들개지 바람에 날려
자리잡고 누워서 씨앗을 뿌린다
따스한 햇빛 맑은 햇살 애무에
꿈틀거리는 수줍음의 연약한 소리

저수지 곳곳에 물오른 버들개지
애송愛誦한 사연 담은 향모向慕언어
임 그리는 춤으로 하늘거린다

두 잔의 커피

혼자 있을 때나 연인과 있을 때나
약방 감초처럼 출연하는 커피잔
까맣다 못해 시커멓다
연인과 같이 마시는 커피맛

한잔의 블랙커피 마시자면
작은 한 순갈의 설탕이 합방한다
연인과 같이 마시는 커피의 떨림
물오른 촉촉한 입술의 작은 설레임

순결하고 아름다운 속삭임으로
사랑의 커피 잔에 뿌려진 씨앗
향기로운 목소리 달콤한 속삭임
나의 연인은 나의 사랑
나는 사랑하는 연인의 것이다

묵시록默示錄

장복산
산책길 오르다 보면
개간한 텃밭이 있고
호국 정신 비석 앞에서

두 손 모아 묵념하면
피가 끓는 통일 염원
하늘 높이 뜨는 깃발

삼성 장군 호국 정신
장복산 넋이 되어
한 마리 하얀 비둘기로
날아드는 묵시록

기원祈願

산 그리메 비탈진 허리에서
헝클어진 독백의 쓸쓸한 그림자
젤소미나가 남기고 간 여운처럼
안으로만 씹어온 외로운 자화상
내가 나를 레이스하는 나만의 낙서

꿈꾸는 약속의 광활한 들판에서
새로운 언어 표현의 발견과 연속
고독 속의 고독보다 군중 속의 고독이
문맥의 흐름으로 이어지는 표현적 향수
그나마 마음의 평안을 찾을 수 있지만

내용이 없는 사색은 공허할 뿐
고립무의孤立無依의 마음일 뿐
독백에 젖은 그림자의 염원일 뿐
허나 포기할 수 없는 흔들림

가불리可不利

사랑하고 싶다 사랑하고 싶지 않다
나는 원래 드리마는 보지 않는다
뉴스와 각종 정치면을 보는 편이다
어쩌다 채널을 누르다 보니 스크린에

사랑하고 싶다 사랑하고 싶지 않다는
제목을 보고 무미한 시간을 채우고 싶었다
불투명한 세상에 오락가락하는 나의 감성
짙은 가불리의 하얀 밀물과 썰물을 보면

사랑을 택한 로미오와 줄리엣의 죽음이
순정문학의 꽃인가 순수문학의 향기인가
물질 황금 만능 시대에 맞는지 알 수 없어
내 생각은 사랑하고 싶다
내 생각은 사랑하고 싶지 않다
명암明暗이 갈리는 하늘과 땅

꿈을 목마르게

목마르게 꿈꾸는 목소리의 영혼은
부끄럼이요 애절함이며 깨달음이다
땅의 어둠을 밀어내는 한낮의 빛살
젊음을 부르는 봄 빛살 봄꽃에 악수하고
태양의 웅장함을 보고 꿈꾸는 피서객

땀으로 보상을 가져오는 가을을 환영하고
사나운 폭풍우로 과시하는 겨울을 본다
보람은 우리를 새롭게 하는 시간이다
마음 여는 사계절 사색에 잠긴 영혼이여

내가 꿈꾸는 나만의 그 속의 외로움이여
형식과 경험을 우선하는 기준 때문에
보잘것없는 약속의 토지 위에서 홀로
땀 흘려 배운 것은 한숨 또 한숨으로

그런 밤

외길 숲을 잃은 나무 겨울나무
온갖 새들이 소근대는 잎새들
어디론가 가버린 늦은 뒷자리에

가을이 조금씩 익어가는 수줍음
풀벌레 울음도 모두 삼켜버린
조여매는 갈색 바람 대지 위에

해 저문 석양도 비탈길에 눕는데
겨울로 가는 노을로 타는 가슴
헤일 수 없는 밤이 오늘도 그 밤

시詩는 리듬이다

내가 나를 사랑하는 마지막 연가
시인의 감정으로 사물을 보는 동화의 꿈
아주 먼 불빛을 향하여 목메어 부르는 노래
나이에 비해 깊은 상념에서 꿈을 꾸는 논객
외롭기만 한 나의 그림자가 오늘만 보고
서러워 울기보다 남아 있는 내일을

희망처럼 기대로 바람의 시간을 그린다
과연 시의 존재 가치는 무엇인가?
계절의 끝에서 서성이는 그림자인가?
나는 시의 원리는 리듬이라고 본다
소리와 침묵에서 일어나는 불립문자의 영역
언어 문맥의 맥락 언어 표현의 향수
언어 환경적 논리 언어 기능적 표현이

침묵과 계시와 영감의 침묵에 싸여 있는
말이 이루어지는 일체 침묵의 언어라고
나는 그 길을 조심스레 가고 있는
나 홀로 나만의 목마른 독백이다

예비상태

무조건 컴퓨터 앞에 앉아서
그대 아름다움을 수놓을 듯
풀잎처럼 웃고 있는 그대여
그 입술에 내 입술 그려볼까
그윽한 눈빛에 내 눈빛 던질까

고백 못한 나의 창에 별빛 뜨면
꽃향처럼 향긋한 그대 미소 뜰까
고운 미소 속에 무엇 숨어 있나
소유할 수도 소유당할 수도 없는

거울 속의 한 줄기 외로운 기타줄
벌에게는 꽃은 잊을 수 없는 샘
사랑은 선택적 자유스런 노래
우리는 언제나 준 예비상태

문화공간의 별실

비 내리는 날은 그리움을 안고
옛 추억의 짙은 향기가 피어나는
그 카페 불빛 은은한 구석진 자리
밀실의 문처럼 칸막이 커튼을 친

아름다운 빛깔로 흐르는 음악과 풍경
마음을 흔드는 문화공간 별실의 꿈
지나간 시간은 과거의 어느 날
그 사람은 없고 이제 홀로 남겨진 채

차갑게 식어가는 찻잔 속의 옛 추억
서로가 서로를 잃어버린 아쉬운 반쪽
헤어지던 그날처럼 비가 내리고
이제 때 묻은 마음이라 비에 씻어 보지만
오히려 내 몸은 새 모습으로 핀다

진실은 영원하다

인생은 진실을 품고 살아야 한다
인생이라는 자궁 속에서 태어나서
죽음으로 끝을 맺는 존재가 아니다
영원 속의 한순간이 아니라고 하면
세월은 과연 무슨 의미를 말하는가
이 땅의 모든 삶과 그 속의 모든 것들

우리가 공포와 죽음이라고 부르는 것은
먼지를 털고 깨어나는 꿈에 불과하다
우리가 보고 듣고 그 안에서 행하는 모든 것
꿈의 영속永續성을 갖고 영속하는 것
대기는 우리의 가슴들로부터 일어나는
모든 기쁨의 미소와 절망의 한숨을 품고

사랑에서 피어나는 모든 입맞춤의 소리
그대들의 영혼은 시간의 영혼을 깨닫고 있다
어제란 오늘의 추억 내일이란 오늘의 꿈
노래하고 명상하는 것은 아직도 파란 허공에
뿌리던 최초의 순간 그 속에 진실이 있음을
간절히 사모할 때 허무와 절망은 사라진다
진실은 영원하기에

영혼의 노래

내 마음속 노래 가사는
종이 위에 쓰이는 것이 아니라
깊은 영혼 속 영혼만이 아는 노래

그것은 호수에 빛나는 별이 비치듯
애절한 삶의 산문으로 시를 만들고
자아의 소리는 최초 한 번의 만남으로

신성한 대지에 골고루 떨어지는
하늘의 상쾌한 하얀 빗방울이 되어
축복받은 들판에서 뿌려진 씨앗으로

뿌림의 알뜰한 첫 열매가 되어
순결하고 아름다운 고운 향기로
오늘의 꿈 내일의 추억이 되리라

들꽃 같은 인생

야릇한 감정이 흐르고
잊힌 너의 여린 미소는
나를 슬프게 만든다
바람 불고 외로움에 젖어
시몬이 밟고 간 그 낙엽 밟고
걸으면 절로 눈물이 떨어진다

홀로 창가에 앉아 있으면
물안개처럼 젖어오는 외로움
지금은 찬바람만 불고 있다
이제는 잊어야지
하지만 잊을 수 없는 이 마음
여린 들꽃 같은 가냘픈 추억

길은 길인데

가을날처럼 짧고 어두운 날이
산 그리메 그림자처럼 머문다
시간은 흐르고 길은 보일 듯 말 듯
홀로 무덤의 오솔길을 내려간다

자연은 여기저기에서 나를 부르고
자연의 가슴에 안겨 잠시 쉬고 싶다
희망은 접을 수밖에 없는 외돌토리
언제나 태양은 뜨고 계속 뜨겠지만

길이 보이지 않는 어둔 터널 속에서
자연은 빛과 그림자로 나를 부른다

가는 세월

잊으리라 모두 잊으리라
한 시절 그 그리움 모두들
들풀도 제 뿌리로 잎 피워
해마다 곱게 돋아나는데

내 기억은 상흔으로 남아
긴 나이에 떠오르는 것은
보고픈 그림으로 떠오는 그대

애절한 마음에 흔적 그리며
들뜬 마음 설움으로 새운 밤
세월은 날더러 모두 다 잊고
노을처럼 곱게 살라고 한다

낙엽 시詩

퇴색한 낙엽이 내 집 화단에
한 잎 두 잎 떨어져 쌓일 때
그림 같은 장복산이 보이면
어느새 겨울 발자욱 소리가

오가는 바람에 묻혀 오고
하늘은 반짝이는 별들의 불꽃
새벽이면 창밖 찬 서리에
회오와 반성으로 눈을 뜨고

낙엽에서 인생을 배우면서
허무와 진의를 알 수 있는 느낌
밤마다 매서운 찬바람 소리에
낙엽은 하늘을 향하여 비는 손

불빛을 뿌리는 별들을 보고
제발 땅에 내려와 떨고 있는
우리들 모닥불이 되어주렴
고개 숙인 낙엽시

사랑은 축복

사랑은 누구나 꿈꾸며 살아간다
남녀 구별 없이 추구하는 언어다
서로가 서로를 보는 자연적인 향기
가장 아름다운 축배로 이어지는

생명이 가장 풍요로운 물오른 향연
남과 여가 티 하나 없이 청순함으로
한 생명의 또 하나의 생명의 열정
웃음과 침묵이 떨리는 신음소리에

행복에 취해 손과 손 입술과 입술의
접촉에 가슴을 파고드는 수치의 옷
순수 문학이 탄생하는 파란 자유 시간
사랑은 인생의 최대 축복이다

비련悲戀

어찌어찌하여
얼룩진 사연은
대기大氣의 울림으로
절규하는 아우성
눈물 찧는 무게로
가슴 앓는 아픔아

어찌어찌하여
찢어진 추억은
비애悲哀의 침묵으로
칼질하는 외로움
회오리 가슴으로
품어내는 슬픔아

단풍은 붉은데

단풍이 곱게 핀다
내 곁을 맴도는 시원한 바람 따라
사랑하는 사람과 헤어진 그때처럼
단풍이 곱게 핀다

하필이면 만추晩秋의 계절에
소멸된 메아리로 다가오는 목마름
어찌 외롭지 않으리
지금도 여전한 단풍은 아름다운데

저 멀리 흩어진 가슴 아픈 기억들을
아쉬운 눈물 빛을 모아
훔쳐보는 피어린 상념想念
나는 누굴까?

황혼의 엘레지

텅 빈 가슴 메운 것 없이
맹물같이 바보처럼 살았구나
후회뿐인 빛바랜 낙엽 되어
맥없이 일그러진 나의 그림자
희로애락喜怒哀樂 모두 메말라
은발銀髮의 허상만이 흐느끼고

아스라이 가버린 노을진 집념들
마디 마디 뉘우침으로 공허할 뿐
목메인 산울림마저 부서져 흩어진
마루턱은 그저 초조하구나
여울진 기억마저 가물가물
끝내 풀 수 없는 태고의 침묵

언제 어떻게 될런지도 모를
가야 할 길 그리 멀지도 않을 텐데
누구에게도 짐이 되선 안 되겠지
허공을 향한 황혼의 엘레지

심연深淵

산을 열면 산 가득 산새 울음 모이고
바다 열면 바다 가득 모이는 별빛 조각
짙게 젖은 외로움이 해변에 닿는다

가로등 불빛에 익어가는 수줍음
심술궂은 바람이 심연을 흔들어 대면
감당 못해 쭈르르 눈물이 떨어지고

산 그리메 깊숙이 빗겨 올린 텃밭에
이름 모를 무덤 앞에 고운 화환이 있어
길손이 지나간 신음 소리 듣는다

노을 · 1

아침 햇빛이 솟아오르면
환한 밝음으로 피는 하늘
언제나 변함없는 그것은
항상 고독한 것으로
스스로 그 속에서
해 질 녘 노을로 묻혀 간다

설레이는 아쉬움
아, 해 저문
외로운 소리
무욕無慾한 고독이여
그것은 노을처럼
가벼운 사랑 하나

제3부

천문天文의 계절

제황산 공원

진해구 명산 제황산 공원을
발길 따라 틈 사이 따라 오르니
짙은 수림 향기를 마음껏 마시고
찌든 땀 씻어 진해탑에 오르니
한눈에 들어오는 백구의 군항도

아담하고 깨끗한 벚꽃 도시답게
봄 빛살 수많은 가로등 불빛과
하늘 별빛 도심의 훈훈한 숲속을
이름 없는 초라한 헐벗은 낙서족이
동화 속 공주가 꿈꾸는 환상의 텃밭을
홀로 산책길을 걷는다

노을 · 2

밤이 지나면
투명한 햇살이
환한 밝음으로

어느새 하늘은
핏빛으로 물들어
스스로 일몰日沒 속으로
자태를 숨겨 버린다

아, 외롭다는 것
아, 쓸쓸하다는 것
황홀한 느낌의 노을

버들개지

진해구 여좌동
양어장 호수 둘레에
찬바람에 나부끼는
실낱같은 버들개지
겨우 제 눈썹 고르며
외롭게 봄 빛살 꿈꾸더니

어느새 부드러운 바람
따스한 하늘 향기 먹고
긴 잠에서 깨어났는지
호수 둘레 길목을
서성이는 나그네

마른 풀잎들은
햇빛 따라 매달리는데
봄길을 서두르는 버들아
어차피 피었다가 질 것인데
예쁘게 속눈썹 세우고
호수 둘레 길목을
서성이는 나그네

방 황

진해구 항구가 숨 쉬는 낙조落照
진해루 파도 위를 맴도는 물새 한 마리
날이 저물어 등댓불은 깜박거리는데
어찌하여 갈 곳 없어 맴도는가?

노을 지고 어둠이 오면 으레
보금자리 찾아 떠나는 시간인데
어찌하여 갈 곳 없어 방황하는가?

잠든 영혼의 외로운 고독이
깨지 못한 마른 풀잎의 몸부림
조용히 흐느끼는 별빛 마음 소리다
살며시 깨어나는 바람 마음 자유다

소년의 침묵

그리운 소녀야
언제부턴지 끌리는
마음의 흔들림은
나의 일상의 버릇입니다

그리운 소녀야
아무도 모르게 설렘은
수줍음을 피우는
나의 마음의 비밀입니다

그리운 소녀야
무조건 생각으로 끌리는
안타까운 외로움은
나의 심장의 소리입니다

그리운 소녀야
한마디 말도 하지 못하는
바보 같은 멍청은
나의 안타까운 침묵입니다

아쉬운 이별

춘春 4월에 떠나지 말아요
새 움트고 꽃이 피면
설움이 더할 거예요
차라리 가신다면
하얀 겨울에 떠나요

눈길을 밟으며
고독한 사색을 안고서
울면서 그간의 추억을
깨끗이 잊으리라

소리 소리 없이
거리에 어둠이 내리고
운명의 별 아래
외로운 가로등 하나
하얀 겨울에 떠나요

편 지

변함없이 똑같은 말만
매일 써서 가슴에 품었어요
향기 없는 서투른 글월은
주인을 잃고 찢어 버렸어요

맑고 고운 에이포 용지가
얼룩져 슬픈 사연이 되었어요
지난날 다정했던 그 속삭임은
떠오르는 새날에 배신당하고
사방이 짙은 어둠으로 변했어요

불 꺼진 음침한 짙은 우울함
참말로 믿었던 그 믿음이
노랫말 없는 무미한 곡이 되어
정말로 끝나 버리는 자유입니다

애창곡愛唱曲

순백한 노래가 하늘을 움직인다
산 깊숙이 올이 없는 망가진 묘 옆에
곧게 자란 소나무 솔잎이 향이 되고 있다

산새들이 입을 열면 아름다운 화음이 되고
조그마한 저수지를 열면 목욕하는 달빛 조각
욕심 없이 젖은 외로움이 저수지에 꽂혀 있다

하루에 조금씩 자라는 수줍음
하루에 조금씩 자라는 그리움
애잔한 미소가 민망스러울 만큼 땅에 묻힌다

어두움이 주고 간 또 하나의 하루
기다리는 마음만큼 쓸쓸한 것 없어도
꿈꾸는 꽃이 있어 모닥불은 따뜻하다

한 해 끝자락

시간 속 햇빛 한줌 서산 노을로 지고
대지는 쓸쓸한 한 해의 옷깃을 저민다
고요히 흐르는 작은 침묵의 창가에서
한발 두발 세발 발자국을 더듬어 본다

유불리 없는 세월의 무심한 무게 위로
길 모퉁 어둔 골목에 부슬비가 내리는데
못다 한 사랑 한점 그리움으로 머무는가?
못다 한 슬픔 한 방울 눈물로 남아 있는가?

회한의 아쉬움 생각으로 한 해는 절로 가고
크작은 마음의 상처는 후회로만 남는 것
크작은 미련은 눈물로 쓸쓸하게 남는 것
어디서나 길섶에서 머뭇거리는 그림자

시간 속 햇빛 한 줄기 서산 노을로 지고
대지는 쓸쓸히 한 해의 옷깃을 저민다
마지막 끝자락에서

한 잎의 그림엽서

이별이 이해된 아쉬운 내면에서
사랑으로 영혼을 채웠던 숨결이
짙은 망각의 커튼을 찢어 젖히고
허허로운 들판 속 그림자가 되어

눈물과 아쉬움으로 떨리는 파음
한맺힌 슬픔을 뿌리는 울부짖음
웃음으로 만난 향긋한 고운 인연이
준비 없는 이별로 숨어 우는 흐느낌

더 이상 머물 수 없는 맺음의 끝에서
한풀 원숙해진 내면의 순수한 이해로
내 원형原形의 반쪽 입술이 스쳐간
아, 마지막 한 잎의 애절한 그림엽서

즐거운 하루

강한 햇살이 쪼여 오는 만추晩秋의 계절
거리마다 떨어진 퇴색한 낙엽들

벚나무로 유명한 진해구의 거리가
흥겨운 콧노래로 움직이는 노인네들

짤막한 빗자루로 낙엽을 쓸어 모아
빈 자루에 담다 보면

어느새 맡은 구역은 깨끗한 거리로
오늘도 쌈짓돈 채우는 즐거운 하루

가을 편지

가만히 눈을 감고 있으면
나를 부르는 듯한 은은한 느낌
밤새껏 잠 못 이루고 눈을 뜨면
창窓이 밝아 올쯤 새벽 산책을 나선다

맑은 공기가 촉촉이 적셔 주고
구슬처럼 맺힌 이슬방울 보면서
속삭이듯 흐르는 여좌천 물소리 따라
검붉게 물든 벚나무 길을 걷는다

어제도 산뜻한 마음으로
오늘도 산뜻한 마음으로
서로서로 인사 나누면서
그간 잊힌 이름에게도

나팔꽃 화초

길가에 홀로 외롭게 돋아 있는
어린 나팔꽃 화초 한 포기를 뽑아서
내 집 마당 화단에 곱게 심었다

힘차게 빠르게 뻗어가는 줄기가
다른 화초 구역을 멋대로 침범하여
목을 감고 쪼이는 묻지마 폭행 사건

볼 것 없고 흔한 나팔꽃 화초라
당장 뽑아 쓰레기통에 버리고 싶지만
그래도 갈 길을 잡아 주는 얄궂은 인연

가을이 오면 보라색 나팔꽃을
볼 수 있는 기다림 속의 상견례를 위해
물을 주는 흐뭇한 아침이다

양어장 호수

진해구 양어장 숲속 호수에
말없이 떠가는 하얀 구름 한점
살포시 내려앉아 목욕을 한다

밝고 시원한 호수 둘레 잔디는
걷기운동 동인들 구김 없는 인파
남녀 구별 없이 허물없는 자연인들

모두들 안녕하세요 반갑습니다
다정다복한 인사를 주고 받으니
허약한 몸이 건강한 옥석으로

이제 어떤 이유도
매일 밝고 환하다

소통과 융화

그리스 델포이 신전 대리석 벽에
네 자신을 알라는 금언이 새겨 있다
나를 모르고 남을 알 수도 없고
나를 모르고 남을 비판할 수도 없다
스스로 변하려고 노력하지 않으면
올바른 삶의 의미도 판단할 수 없다
악습의 사슬에 중독된 사람은
남을 이해하지도 양보하지도
아예 관용을 베풀 줄도 모른다

이해와 양보가 없는 무풍지대에
어찌 소통의 아름다운 믿음이 있겠는가
성실한 대화의 향기가 없는 곳에
어찌 융화의 신성한 꽃이 활짝 피겠는가
너와 나 사이 우리와 우리 사이에
인격적인 나무에서 융화의 꽃이 피고
바로 그것이 하늘이 준 명약이려니
우리 모두 깨끗한 미덕의 모델이 되어
아, 대한민국을 저 높은 곳을 향하여

바다를 보면서

지난여름은 참으로
해맑은 함성이 해풍을 막았고
풍성한 물빛을 연인 삼아
수많은 남녀들 틈에 끼어
세상 빛을 즐겼노라

바람과 꽃들의 물오른 속삭임
석양의 오렌지 빛 속에서
박수 속에 가려진 입맞춤
너무나 아름다운 환상이라
즐거운 추억을 만들었노라

또다시
약속한 다가올 여름은
남아 있는 꿈과 함께
그대에게
더욱 풍성하고 넉넉한 날들로
채색하고 있으리라

천문天文의 계절

아, 완연한 가을이다
아름다운 단풍잎들이
굳어버린 잎들을 열게 하는
황홀한 흔들림의 발레리나
마음 가는 산수를 찾아서
사람들 끼리끼리 자연스럽게
스마트폰으로 찍고 찍어주는
정겨운 융화融和의 포즈
커피 한잔 속에 오가는 대화
천고마비 계절의 맛이다

아, 즐거운 가을이다
소유할 수도 묶어 둘 수도 없이
어느새 소리 없이 가기 전에
독서와 사색을 열게 하는
천고千古 상우尙友의 마음으로
한 구절 읽고 그리다 보면
천문天文의 글이 되어서
가을은 말없이 간다

영혼의 글

깊은 내 가슴속에는
어떠한 언어로도 표현할 수 없는
애절한 노래가 숨어 있다
그것은 종이에 쓰이는 것이 아닌
내 영혼 속에 각인되어 있다

장미와 가시를 따로 분리할 수 없듯이
누구를 안다는 것은 나를 버리고 찾는 것
사랑과 아픔도 어쩔 수 없는 불가분의 관계
서로의 진한 이해만큼
사랑의 깊이도 깊어지는 것

그때 비로소 장미를 꺾을 수 있는
각인刻印된 영혼이 추억을 만든 잊힌 이름이
숨어 우는 별이 되어 사라져 가지만
삶의 채찍으로 피멍이 드는
세월은 서서히 막을 내린다

아, 사랑아 말해다오
진정 후회 없이 사랑을 했노라고
그것은
정직한 영혼의 글이 되어 남으리

상념想念

불빛 희미한
동구 밖 저 아래
오늘도 의미 없는 허공으로
산화散華한 폐허의 광장
아련히 쓸어간
그 벤치 그 자리에
소녀가 절규하는 최후의 열정
어허 밤은 깊어가려는가?

가슴을 조여 매는
무너진 성벽이여
이제
외로운 상념은
묵묵 하늘에
총총한 별이 없어도
울지 않으리

참새 한 마리

서서히 열리는 아침
매일 걷는 골목길이
어색하게 열린다

찬바람이 마른 나뭇가지를
흔들로 쓸어간 뒷자리에
참새 한 마리

바싹 여윈 계절의 끝에서
짹짹거리며 울고 있다
봄을 부르고 있다

첫 포옹

사랑은 잔잔한 호수의 파문
천공의 바람비는 전령傳令사
세인世人의 숲속에
새겨둔 이름이여
목메어 부르는 외침을
그리움이 조여오는
가슴 타는 불꽃으로

잠을 깨우는 남男의 고백에
그동안 기다렸던 그리움을
울며 웃으면서 응석을 부리며
살며시 가슴을 파고드는
순백純白한 짧은 순간은
첫사랑의 첫 포옹으로
고향의 가슴에 핀 꽃

칠순의 수첩

빈 껍데기 가슴에 메운 것 없이
바보처럼 먹물같이 살아온 세월
핏빛 노을 낙엽 뒹구는 오솔길에
힘없이 꿈틀거리는 나의 그림자

희로애락喜怒哀樂 말라버린 칠순의 수첩
마음은 초조하고 기억은 가물가물
언젠가는 눈 감고 가야 할 일회성 생명
아쉬운 미련을 만지작거리는 일희일비一喜一悲

세상은 누구나 외로운 것
고독은 혼자 즐기는
내 곁에 따끈한 차 한잔과 음악
늘 해 질 녘 노을로 머물고 싶다

소 품

수줍음의 침묵은
잔잔한 외로움입니다
설레임의 떨림은
사랑의 가슴입니다

아름다운 눈빛은
장밋빛 향기입니다
고운 고백은
황홀한 노래입니다

해가 지는 소리

밝았던 하늘이 어느새
노을이 되어 넘어간다
서서히 시간을 포장하는
아, 해 질 녘 노을이여

힘없이 꿈틀거리는 인생
측은한 소리 아쉬운 소리로
망각忘却이 조여 오는
설움의 아픈 연륜아

마음 뜨는 대로

거친 바람 방어하는 해맑은 아침
단풍이 잔잔히 흔들리는 가지에
살며시 포개지는 마음 자락 담는다

하늘 따라 꿈틀거리는 푸른 산맥
미풍에 속삭이는 시원한 숲을 열고
계절 따라 변하는 각양각색의 숨소리

진해항 바다 꿈이 눈 뜨고 다가오면
언제나 마음 흔드는 잔잔한 설렘
그리움이 쪼여 오는 가려운 밀어密語

진달래꽃

정말 아름답다
우짤라고 그리 예뻐
눈이 부시도록 황홀해
연약한 연분홍으로
마음 흔드는 너
봄빛에 사르르 떨면서

어두운 겨울 때를 벗고
연한 부드러운 맨살로
하늘거리는 블루스 리버스 턴처럼
정말 춤추는 모습이 아름답구나
누구의 소유도 아닌
우리 모두의 꽃으로

아, 사랑아

내 하늘에 뜬
맑고 고운 미소여
끝없이 영원히
아, 사랑아 그리움아

사랑은 주어도 모자라는 것
사랑은 받아도 모자라는 것

아, 사랑아 그리움아
미풍의 달콤한 애무로
향기 피우는 꽃으로
태어나서 고마워

아, 사랑아

한 잔의 국화차

신성한 바람이 살며시
어디엔가 머물고 싶을 때
나는 한 잔의 정결한
차가 되고 싶다

욕심 없이 뿌리고 싶은
고운 언어를 담아서
당신의 하얀 미소를 풀어내기 위해서

물오른 당신의 입술을
살포시 적시게 하는
한 잔의 국화차가 되고 싶다
9월의 길목에서

얄궂은 이별

이제 헤어져야겠습니다
기다림이 무너진 침묵으로
그간의 속삭임이 소멸된
메아리로만 들려오는 것은
우리 사이에 무엇이 막힌 것일까요

부르면 바로 대답할 것 같았던
가까운 거리가 무너진 지호지간指呼之間
이제 정말 떠나고 싶습니다
내 님이 다른 사람에게 인도되었으니
이제 떨어져 살고 싶습니다

무정하게 버려짐의 아픔을 앓으며
어두운 긴 터널 속으로
울고 울며 떠날 수밖에
정말 쓰리고 아파요
내면을 방황하는 지금
아, 눈물의 의미를 배웠습니다

다시 한번

마음이 허전함은 바람과 함께
울고 싶어도 울지 못하고
그날을 기다립니다

마음이 외로움은 구름과 함께
아무도 모르게 혼자만이
보고픈 얼굴을 기다립니다

마음이 설렘은 가슴과 함께
이유 없이 다시 한번으로
만남의 웃음을 기다립니다

일퍼센트의 절반과 함께
눈물 빛깔이 꽃이 되어
두손 모아 기다립니다

아직 뿌리가 남아 있다면
다시 한번요 다시요

사랑과 그리움

사랑은 수줍음으로 거부하는 듯
출발하여 사랑으로 묶어 매는 것을
그리움은 불타는 가슴이며
끝이 보이지 않는 개방된 하늘

하늘은 언제나 영원한 것이며
영원은 늘 고독한 전주곡
아, 기름진 갈망

사랑은 황홀한 천국이며
갈증을 해소하는 신비
나누어 마시는 생수인 것을

그녀의 사진

내 지갑 깊숙한 곳에 숨겨 두고
몰래 살짝 내어 보는 그 사진
떨리는 손으로 살짝 문질러도
지워지지 않는 예쁜 그 사진

살며시 입술로 입을 맞춰도
수줍음을 모르는 달콤한 그 사진
언젠가는 조금씩 잊힐까
저절로 겁이 나는 그 사진

어차피 잊어버려야 하기에
맑은 강물에 띄워야 할 그 사진
한 번은 울고 말 아린 추억

진실의 망각

어디까지 진실인가
어디까지 믿어야 하나
눈 뜨고 코 베어 가는 세상
어이없고 무섭고 무섭다
어쩌다가 이렇게 되었는지
변화의 물결이 물질문화와 함께
사람까지 알 수 없게 만들어 버렸다

내가 네 속에서 네가 내 속에서
너는 너 나는 나라는 개념으로
어느새 무한 경쟁자가 되었고
진실이라는 단어가 약방 감초처럼
프로적인 목적 언어가 된 셈이다
멋지고 잘난 사람이 진실로 포장되고
거짓된 진실이 진실로 속이고 속는 세상

시대와 시대 세대와 세대 사이에서
성性과 성 계층과 계층 사이에서
실체를 알 수 없는 빛살로 반사하는 허상
진실 위에 도금된 위선이 은폐된
어허 진실의 망각忘却
의義는 창窓이며 진실이기에
정말 거짓이 없어야 하는데…

장천부두

먼 수평선에서 해풍이 불어오면
서서히 눈에 들어오는 작은 부두
밤새껏 파도와 싸워 잡은 고기는
바다에서 밥 먹고 물 마시며 살아온
뱃사람들의 일상이 되어버린 삶

짭조름한 내면의 그리움으로 닻을 내리고
바람에 찢어진 작은 상흔도 없이
어머니 치마 속으로 살며서 들어오듯

거무죽죽한 작은 돛단배 하나
진해구 장천부두에 닿으니
늠름한 뱃사람들을 맞이하듯
새벽부터 춤추는 아름다운
백구白鷗들의 왈츠

제4부

미소꽃

허실虛實

살겨운 온기로 다가오는
설움의 아픈 눈물아
울음과 슬픔으로 육신을 핥는
탄식의 소리와 한숨의 소리
어둔 적막의 깊은 계곡에서
울부짖는 외로운 메아리
쓰러지려는 절박한 한계

사랑은 땅의 소금인가
사랑은 땅의 부패인가
가슴속 스며드는 고독이
비에 젖어 흐느낀다
쓰러지려는 울부짖음의 소리는
진정 사랑했기에 마음의 상처는
가눌 수 없이 폐허로 변한 황무지

처음부터 잘못된 취미의 연애
처음부터 잘못된 허영의 연애
위선이 은폐된 진실의 망각 속에
감춰진 여운만 남긴 채 끝나버린
망가진 허虛와 실實
죄罪와 벌罰

해수욕장

해도 해도 너무 심하다
연일 계속되는 불쾌지수
심신을 조여 오는 염열炎熱로
바다를 찾는 많은 피서객들
하일夏日 오색 파라솔 밑에서
황금빛 모래 빛살 고운 밭에서

우연이든 필연이든 개방된 피아彼我성
순수한 생명들의 흥겨운 향연 속에
연인들 끼리끼리 손을 잡고
입술과 입술이 살며시 겹치는
해맑은 물오른 황홀한 수궁水宮

정열적인 연인들이여

눈 속에 들어오는 천태만상千態萬象
한 시절 들뜬 계절과 더불어
후회 없이 즐겨라

참 모르는 것은

참 모르는 것은
그리운 마음이라
신성한 대지에 떨어지는
상쾌한 하늘이 빗방울처럼
그대가 그립습니다

참 모르는 것은
보고픈 마음이라
한 잔의 맑고 시원한 물을
처음으로 마시는 것처럼
그대가 보고 싶습니다

참 모르는 것은
고운 마음이라
밤하늘의 옷을 별들의
보석으로 장식하는 것처럼
그대가 아름답습니다

허나
그리운 마음
보고픈 마음
아름다운 마음
생각만으로 그림을 그리는
고립무의孤立無依의 한숨

밤 고양이

우리 동내洞內 고양이
별난 도둑 고양이
밤이 되면 암내 고양이들끼리
소유권 다툼의 앙칼진 소리가
칼질하는 무서운 싸움으로
고요한 밤을 찢어 놓는다

이 집 담 저 집 담 넘나들며
앙앙거리는 소리에
달빛마저 부서지고
나의 잠도 깨우나니
밤새 짜증만으로 새운 밤
내일 밤은 어떨지 모를
태산 같은 걱정거리

눈물꽃

밝은 희망 하나로
오늘도 내일도
손꼽아 기다리는
하얀 빛깔 바람꽃입니다

아무도 모르게
나 혼자만이
한없이 그리워서
기다리는 별 빛깔 별꽃입니다

울지도 못하고
웃지도 못하고
늘 꿈꾸는 마음으로
애가 타는 달 빛깔 달꽃입니다

마음에 담아 온
깊은 뜻 풀지 못해
너무나도 외로워서
밤새 눈물 빛깔 눈물꽃입니다

하얀 공백

말 못 하는 벙어리처럼
마음으로 가슴 타는 밤은
뜬눈으로 새벽이 됩니다

숲은 그리움으로 빽빽해지고
메마른 땅도 하늘비 맞으면
파란 새싹이 돋아납니다

그런데 그대와 나 사이는
보는 것만으로 전부이기에
사랑은 외로운 소리입니다

조용한 사랑

아주 머언 훗날
나와 당신의 사랑 찾으면
다하지 못한 그 사랑이
꽃술이 되어 마음에 고여 있으리

아주 머언 훗날
나와 당신의 그리움을 찾으면
다 풀지 못한 그 그리움은
샘물이 되어 가슴에 고여 있으리

아주 머언 훗날
나와 당신의 외로움을 찾으면
다 이루지 못한 그 외로움은
눈물이 되어 머리에 고여 있으리

당신과 나의 사랑은
순결한 영혼이 꿈꾸는 일심동체
그리움이 아름다움이
언제나 피는 꽃 조용한 사랑

내일은 새날

내일은 어디서나
부딪치는 사소한 일에도
마음 중심 잘 잡아
하루 하루 삶의 일상을
바위처럼 흔들리지 않도록

흙향 풍기는 바람의 언덕에서
꿋꿋한 자세로 하늘을 본다
맑고 부드러운 하얀 구름은
꽃을 피우는 풀꽃의 향기처럼
허물없는 원만한 오늘이기에

잘못된 어제의 부끄러운 일이
오늘 뉘우치는 날일지라도
내일은 피할 수 없이 만나야 하기에
더 밝게 아름답게 채울 수 있도록
새날을 멋지게 스케치하리라

삼박자

한 잎이 그리운 미소
정성 모아 써본 쪽지
계시와 영감과 침묵의 향수

여린 마음 그릇에 담아
마음의 고향
몸의 고향
사랑의 고향

언제나 알알 맺히는
휴전 없는 몸부림
피로한 육신을 애무한다
똑똑똑 삼박자

삶

천진天眞스레 비운 마음이
조용한 산책길을 서성일 때
한 잎 두 잎 떨어지는
풍요의 맛 나는 가을은
그리움으로 속삭인다

한결같은 꿈으로
곱게 가꿔온 세월은
영롱하고 곱디고운
착한 진한 열매로
눈부신 햇살과 함께

희희낙락 웃음 먹고
하늘처럼 높게 넓게
당당하게 살리라

복잡한 거리

거리에 나서면
한꺼번에 모든 것을
한눈에 느낄 수 있다
저 많은 사람들이 있다는 것과
살아가고 있다는 것이
목이 마르도록 복잡한 허탈감에
눈앞이 캄캄해질 때

바람에 떨어지는 낙엽이
발길에 밟히는 신음 소리처럼
서러워 오는 가슴 바다의 숨찬 소리
언제나 거리는 복잡하다
눈꺼풀이 시리고 머리도 돌고
지구 덩어리도 돈다

남자에게

많은 남자들은
너나 할 것 없이
믿었던 사랑에
발길을 차이는
프로적인 사랑에
바보처럼 이성을 잃고
뒷자리에 주저앉아
가슴 핥은 사람아

때와 장소에 따라
카멜레온의 유혹은
짤막한 수치의 옷을 입고
물오른 촉촉한 입술로
다가오는 미소 앞에서
방향을 상실한 꼴불견
맥없이 주저앉아서
가슴 파는 사람아

봄 빛살

차가운 겨울 지나고
진해구 장복산 기슭에
진달래꽃이 곱게 피면
삼삼오오 짝을 지어
구수한 땅빛 냄새 먹으며
산나물 캐는 아낙네들의
콧노래가 메아리 되어
동면冬眠에서 잠을 깬
장복산을 흔든다

모진 바람 다 참아내고
물 한 모금도 먹지 못한
인고忍苦의 고통을 견뎌온 바람
춘간春間의 해돋이로
먹고 싶은 물 마음대로 먹고
시원한 바람 마음대로 마시니
어느새 새 옷을 갈아입고
장복산이 부른다

아, 해맑은 빛살 햇빛이여
아, 구성진 땅 빛살 땅빛이여
아, 향긋한 봄 빛살 봄빛이여
나물 캐는 아낙네들의
욕심 없는 소박한 삶이
자연 속 자연인들에겐 잠시나마
윤무輪舞하는 장복산은
따스한 가슴이어라

야곡夜曲

밤이 깊어간다
깜깜이가 내려앉아도
바닥이 없는가
그리움이 조여오는 밤

밤과 밤으로 또 또
이어지는 꼬리
새싹들의 향기
은은한 울타리

어떤 밤이 될지 몰라
숨어버리는 봉오리
아, 사랑아

산책길

누구나 정겨운 산책길이 있듯이
나도 나만의 산책길이 있다
장복산 옛 육대 총장 별장이 있는 곳
혼자 곱게 포장된 오솔길을 오르면
가슴이 확 뚫리는 소리를 듣는다
사람들이 찾지 않는 조용한 코스다

짙푸른 수림樹林의 향기가 풍기고
바람 소리 물소리 산새들의 황홀한 서곡
나만이 초대받은 설렘으로
흐뭇한 환경적 향수를 먹는다
허약한 몸을 옥석으로 다듬어 주는
대자연의 신비와 달콤한 애무
시공을 향해 야호 하고 외치는
나만의 긴 여운餘韻

진해구 수치

친구와 자주 찾았던
진해구 수치의 땅
갯마을 풍미와 바다의 조망眺望이
한눈에 들어오는 묘리妙理
맛깔스런 생선회를 먹고
한잔 술에 불렀던 옛 노래가 그립다

통통배와 돛단배가 어울리는 해변
연인과 손잡고 걸었던 옛 추억이
쓸쓸히 망가진 현존의 수치
STX조선소 오리엔탈 점유로
이러지도 저러지도 못 하고
폐쇄의 바다 폐허의 땅이 되어
이름 있는 시인 교수님의 침묵이
천문天文의 글이 되어
오늘도 바다를 본다

사 랑

바람이 향기롭다
시간이 움직인다
사랑은 감미로운 세월
부끄러운 표정의 미소
밤을 만지작거리는 외로움

아리게 쓰리게 촉촉하게
영원한 생명의 빛으로
행복의 축복을 깨닫기까지
깨달은 것이 가장 좋을 때
아, 순결한 하얀 달밤

미소꽃

아련한 그 모습
향기를 뿌리고 간
한 잎을 가슴에 담아
그리고 싶다

억지로 품어내는
헝클어진 꼼수가 아닌
순순한 외로운 침묵을
안아 보고 싶다

하얀 눈송이처럼
시원한 한 모금의 물 같은
곱디고운 미소를
사랑하고 싶다

손 맛

나는 따끈한 국물이 없으면
밥맛이 없기 때문에
반드시 국물이 있어야 한다
아내가 없기 때문에
일반 가정에서 하듯 재료를 넣고
된장과 고추장을 물에 혼합하여
일인용 뚝배기에 담아 끓인다

여기에 나만의 재료가 숨어 있다
빨간 대추 몇 개를 씨앗을 빼고
잘게 잘라서 넣어 끓이면
정말 입에서 침이 생긴다
일인용 뚝배기째로
밥상에서 보글거리는 구수한 향내

그것은
먹음직하고 맛깔스런
내 생각 손맛이다

인과응보因果應報

악은 악인데
크고 작은 부피에 따라
저울질하다 보니
아예 작은 악은
장난감 놀이로 웃는다
선은 선인데
크고 작은 높이에 따라
평가절하하다 보니
아예 작은 선은
묻히는 무덤이 된다

악惡은 분명 악이다
선善은 분명 선이다
인간은 뿌린 대로 심은 대로
인과응보因果應報 원칙에 따라
악인악과惡因惡果 선인선과善人善果
죽음의 열매 생명의 열매로
늘 엇갈아 걸어가는 지옥과 천국

그날을

그날을 기다립니다
웃고 싶어도 웃지 못하고
울고 싶어도 울지 못하고
그리운 그날을 기다립니다

그날을 기다립니다
아무도 모르게 침묵만으로
목마르게 꿈꾸며 지켜온
보고픈 그날을 기다립니다

그날을 기다립니다
우연이든 필연이든
외로운 마음 하나로
변함없이 그날을 기다립니다

그날을 기다립니다
하얀 봉투 속에 틈 없이
해바라기 씨앗이 꽉 찬
기쁨이 넘치는 그날을 기다립니다

어설픈 시간

왜 우리가 이렇게…
왜 우리가 깨어져야…
시작부터 만남 자체가
어설픈 화가처럼
색칠한 흩어진 초점
휘청거리는 낮밤

서로가 불 꺼진 창가를
아마 오래도록 서성일 게다
명암明暗이 파괴된 시간
주저앉아 버린 세월
허虛와 실實
모두가 회색 진 맘몰沒 안개

이슬비 내리는 날

아침부터 부슬비가 내린다
내겐 우수憂愁 이슬비로
사랑하는 사람과 헤어지던
그날처럼 이슬비가 내린다

속삭임이 정지된 분침 속에서
흩어진 추억의 목마름이
어찌 슬프지 않으리
이슬비는 부슬부슬 내리는데
온종일 내리는데…

중앙로터리 공원

진해구 중앙로터리 공원
하늘 별들의 빛살 놀이터로
개방된 성벽 없는 깨끗한 쉼터
팔도八道로 뻗은 시원한 로터리
누구의 눈치도 볼 필요 없이
휴식을 즐기는 최고의 안전지대

차들과 가로등과 밤 빛살 별들의
무한 그리움이 머물고 지나가는
멈추지 않는 낭만적인 곳으로
땅과 하늘에서 속살거리는
시원한 중앙로터리 공원은
동양화적인 한 잎의 그림 묵화

시인의 고독

나는 누구든지 시인이라고 생각한다
머리와 가슴과 마음을 가지고 있으면
마른 나무에서 물이 나는 건목생수처럼
시의 생성은 아메바적 분열 작품으로
시는 허무의 아들 모순의 발견이 아닐까

분명 진흙탕 속에서 아름다운 연꽃이 핀다
자연은 시인의 얼굴이며 꿈이지만
직업으로는 살 수 없고 생활도 할 수 없다
시가 영혼의 깨끗한 거울로 보일 때 비로소
시인은 그때 달콤한 고독의 단젖을 빤다

진해구 해변에서

투박한 발돋움이 안개 속을 걸어간다
잠을 깬 눈 끝 세워 햇살 자락 걸어놓고
보일 듯 안 닿는 세월 따라가는 그림자

밀물이 수평선을 열면 이름 모를 섬으로 뜨고
발가벗은 파도는 굴러 뜨는 많은 소용돌이
바람은 짠맛 싣고 해변에 닿아 흩어진다

떠나온 물비늘 털면 아린 손톱 포구도 울고
진해구 해돋이 랜드 외등 불빛이 아롱거려
아슴히 밀물져 넘치는 눈빛 환한 해지의 내음

아, 그곳 해돋이에도 해풍이 불고 있나
겨운 삶의 갈기를 세워 파도는 오는가
썰물로 돌아오지 않는 수평선 목마른 노래여

봄이 오는 곳

아무리 봄빛이 훈훈하다 해도
벚꽃의 우아함이 아름답지만
우리가 아, 진해의 벚꽃을 보고
넉넉하게 마음으로 느껴 보지만

앞 못 보는 장님도 마음은 있어
벚꽃의 화려한 모양 볼 수 없어도
춘간의 봄빛을 충분히 느낄 수 있어
봄은 우리네 마음속에서 오는 것

누구든 따스한 마음씨만 있으면
봄은 어디에서나 오는 잠 속의 꿈

인격人格

사람다움의 사람의 이별
사랑다움의 사랑의 사랑

사랑하는 것은 자유지만
이별은 혼자로는 되지 않는다
사랑할 때는 모든 것 용서하지만
이별할 때는 용서할 것만 용서한다

사랑할 때는 겨울도 봄날 같지만
이별할 때는 봄도 추운 겨울이 된다
사랑할 때는 울어도 행복하고
이별할 때는 웃어도 눈물이 된다

사람다움의 사람의 이별
사랑다움의 사랑의 사랑
인격은 사람다움의 향기

난 가을이 좋아

난 가을을 너무 좋아해
높고 해맑은 푸른 하늘
익어가는 바람의 소리
가을을 수놓은 별들의 노래
청춘을 부르는 계절의 환희

난 가을을 너무 좋아해
아련한 희망의 고운 햇살
해 질 녘 노을의 아름다움
허공을 우짖는 노고지리의
외침이 울려 퍼지는 메아리

난 가을을 너무 좋아해
어둠이 깊어가는 흐느낌
마지막 잎사귀의 서글픔
사색이 익어가는 외로움
땅에 떨어지는 낙일의 끝

망종亡種

문화의 물결이 시시각각으로 변하는 세상
현대는 능률이 지배하는 경쟁적 사회이다
머리와 손으로 만든 도구에 고민하는 현대인
산업적 대중사회의 복잡한 메커니즘 속에서

현대인의 감정은 불안과 권태와 고독감에
휩싸여 살 수밖에 없는 많은 환경 속에서도
불안과 권태와 고독에의 무력함을 망각하고
생각하는 갈대에서 향락하는 갈대가 된다

야릇한 마약에 취해 술과 도박과 섹스에 뒹굴면
인생 상실에서 인생 회복으로 가는 길 어려우니
하루빨리 때묻은 몸과 마음을 깨끗하게 씻으면
천상천하 웃음 피고 사람다운 향기 활짝 핀다

물안개

너희 실체는
시상詩想으로
자주 애용하는 숙어熟語
알쏭달쏭한 모양으로
눈을 가리는 물안개

적막한 계곡의 물길 따라
이슬 맺힌 보랏빛 무지개 젖어
알고도 모를 애잔한 미소는

때론 향기로운 숨결처럼
때론 수줍음의 미소처럼
하얗게 피어오르는 그것은
낭만적인 프러포즈의 환상
눈을 가리는 물안개

이별 그 이후

언젠가 햇빛이 눈을 녹이던 날
당신의 마지막 숨소리 앞에서
나도 하나님이 부르실 때에
조용히 당신 곁으로 갈 거야

그간의 외로움을 한 아름 안고
이슬 맺힌 들꽃들의 이야기처럼
당신과 같이한 순수한 밀어들을
맑고 깨끗한 표피로 잘 포장하여

당신이 떠난 그날 그 시간에
하얀 눈이 내리던 2월 23일
나도 하느님이 부르실 때에
조용히 당신 곁으로 갈 거야
우리 그때 만나요

공상空想의 그림자

바람마저 흐느끼는 적막한 밤
사랑과 미움이 교차하는 회색진 거리
언제나 별이 반짝이고 꿈이 흐르는

아, 여긴 군항의 밤

빛남을 잃어버린 고독한 내부엔
강물처럼 흐르는 흐느낌 속에서
정처 없이 자꾸만 걷고 싶은 것은

성숙한 여인의 나체裸體처럼
동화되어 가는 막연한 그리움 안고
오늘 밤도 떠도는 공상 그림자

신의信義

책장 속에 숨겨 둔
오랜 편지 한장 속
만고불망의 그리움

진심으로 사랑했기에
보낼 수 없는 사람을
보낼 수밖에 없는 사연
빌고 비는 정성 하나로

그립고 그리운 추억이
가려움으로 다가오면
한 번쯤 열어 보리라

제5부 높은 하늘 보면서

시상詩想

꿈꾸다
꿈꾸다
어설픈 빛바램
희바람 사랑으로
하늘에 뜨는 별

쓸쓸한 생의 길목에
한 잎의 시상詩想을
한 구절 시詩로 읊어
띄우는 목마름은
갈색 바람 그리움

이 마음
어쩌리

길

부지런히 가도
제자리 길
더 가고 싶어도
갈 수 없어 막힌 길

그래도 가야 할 길
쉬면서 가다 보면
갈 수 없어 누운 자리
다시 일어나 가는 길
그것이 인생길

움직이다

북 치고 장구 친다
밥 먹고 물 마신다
당신은 나의 머리
사랑아 아름답다

하늘에서 웃는다
나는 생명
오늘도 출렁인다
오늘도 움직인다

공허空虛

해야 할 말을 하지 못하고
가슴에 스며드는 외로운 밤을
새벽 청소차 소리에 날이 샌다

장복산 숲은 늘 빽빽해지고
내 마음의 영역은 공허할 뿐
그대 숲은 누굴 찾고 있는지

도대체 우리는 누구인지도
말 없는 진실이 전부라기엔
알고도 모르는 황막한 들판

침묵 속에서

귀를 막아도 들리는 옥소리
이래도 저래도 별 방법 없어
음악처럼 들리는 그 목소리

숨죽여 숨어서 보는 버릇
아무리 잊으려 마음먹어도
더 보고 싶은 아름다운 그 모습

아무도 모르게 써보는 글씨
살짝 문지르고 지워 버려도
언제나 살아 움직이는 그 이름

애 인

새벽 하늘에
반짝이는 하나 별을 보며
님을
그리워합니다

대낮 하늘에
하얀 구름 손짓하며
님을
불러 봅니다

밤하늘에
조각달 생각하며
님을
사랑합니다

살며시 안아보고 싶은
님은
진정 향기로운
꽃입니다

사랑의 노래

사랑하는 마음만큼
기쁨이 없음을 아는 까닭에
행복합니다

융화融和하는 마음만큼
씨앗이 없음을 아는 까닭에
꽃이 핍니다

변함이 없는 마음만큼
깨끗함이 없음을 아는 까닭에
사랑합니다

홀로 우는 별

밤이면 밤마다
태산 같은 아쉬움에
어둠을 타고 꿈속에서
너를 만났지만
거센 바람 소리에
깨어보니 한없이 서러운 것을
삶의 의미 따윈 모른 채

밀려오는 설움의 조각들
운명처럼 어둠이 맴도는 내겐
다가오는 외로운 소리
슬픔에 젖은 작은 그림자
아, 이 밤
홀로 우는 별 하나

독백獨白

사랑은 행복보다
더 아픈 이별이 있다
침묵하는 진실이 소멸된
메아리로 흩어지는 것은
우리 사이에 막힌 어둠이 있어

흔들리는 잎새 하나가
내면을 방황하는 지금
그대의 손을 잡아 보지만
남의 사람으로 정해진 사람

사랑은 행복보다
더 아픈 이별이 있다
그간의 흔적은 황홀한 절망
아, 눈물빛 독백이여

이쯤에서 안녕

마음은 잿빛 안개
그리움이 멈춰버린 시간
이미 끝난 사람을 두고
서러워 가슴으로 흐느낀다

홀로 어둔 밤 빛살을 보며
흩어진 추억 그리다가
지쳐버린 가슴 아픈 눈물 빛
추방당한 사랑의 진실은

아직 마르지 않은 외로움으로
형지形止에 묻어 버리고
머리 숙인 마지막 그 한 마디
이제 이쯤에서 안녕

회상回想

밤은 깊어가는데
창窓을 통하여
산뜻한 추억을 그리는
마음 뜨는 하얀 설레임
잊어버리자 하면서도
예쁜 구슬이 반짝이듯
꽃잎이 살며시 피는
그리운 향기는 무엇인가

여전히 밤은 깊어가는데
계절 따라 부르는 노래
가을은 익어가는 고향의 향수
천고千古 상우尙友이듯
오래된 연서도 천년 친구라
아름다운 별 빛살로
마음의 침묵은 움직인다

하얀 고백

언제부턴지 배워버린 기다림
수많은 별들 중 하나의 이름을 놓고
시공을 향하여 부르고 싶을 때
고독 속으로 빠지고 싶은 솔로의 눈빛
봉투 속에 깨알처럼 담아 놓은 사연은
하얀 빛깔 속에 숨은 나의 하얀 고백

별들과 고요의 꽃별 속 어둔 밤에
조용한 거실의 창밖을 보면서
생명은 하나의 외로운 소리
사랑은 하나의 자연의 소리
벽에 걸린 시계추가 명상과 사랑으로
홀로 있음 사이에서 여백의 공간을 흔든다

아, 마음에 새겨놓은 이름이여
아, 대지의 나무에 핀 꽃이여

불면으로 잠 못 이루는 이 밤을 보내고
날이 새면 일퍼센트의 절반을 위하여
하얀 봉투 속에 깨알처럼 담은 사연 끼워
꽃 중의 꽃다발을 그대 앞으로….

아픈 이별

원죄의 그늘 속에서
괴로워 흐느끼는 마음
추방당한 사랑의 진실은
황막한 들판에 유배되어 있는가
헤어진 사람은 헤어진 대로
버려진 사람은 버려진 대로
아쉬운 사람은 아쉬운 대로

실패라는 뼈아픔 속에서
가물거리는 불빛 한 점에
굳어버린 입술 움직이는
고개 숙인 마지막 한 마디
구름 속으로 숨어 버린다
슬픔에 지쳐 눈을 감으면
저절로 새어나오는 한숨
아, 눈물 나는 추억아

한 줌의 흙

밤하늘은 반짝반짝
빛을 뿌리는 황홀한 천공天空
무한한 종교와 같은 힘으로
나를 깨우는 복음의 축복
밤이면 파란 빛살의 램프로
하루를 마감하는 시간이다

나는 나만의 고요 속에서
나는 나만의 명상 속에서
온갖 초목이 흙 속에서
자라고 피는 것같이
깨달음의 빛을 사랑하는
이름 없는 한 줌의 흙

거문고

아, 한 맺힌 거문고야
저 산 그리메 언덕을
쉬임 없이 바라보는
애절한 눈빛을 본다

발바닥이 시리도록
출렁이는 피어린 그리움
핏빛 눈물로 맺힌 눈 속에
망막網膜 초점 흐리게 하는
안개 바람 외로운 그림자

멈춰버린 시간 속 추억을
잊지 못할 충격적인 파편으로
설움 음파에 가슴 찢는
아, 한 맺힌 거문고야

아름다운 이별

오랜만에 우연히
실속형 문화공간에서
나는 그녀를 만났다
다시 화합할 수 없는 사이
너무나 멀어진 아쉬움이
한번에 초라하게 퇴색하여

무너져버린 돌개바람
후회도 미련도 없이
서로를 아끼는 마음 하나로
실패한 사람의 주인이 되어
사랑은 책임지는 아름다운 이별
사랑은 자유로운 평화다

짤랑 인생

도시의 거리는 낯설기만 하다
매일 새롭게 변하는 문화의 물결
하늘로만 올라가는 고층 건물

보는 것으로도 빙글빙글 어지럽고
밤이면 찬란한 오색네온 불꽃으로
정신을 현혹하는 야릇한 현인안목

주머니 사정이 넉넉하지 않으면
값싼 막걸리 한잔 두잔 생각으로
만족할 수밖에 없는 짤랑 인생

멋없이 이곳저곳을 까욱거리다
쓸쓸히 마음 접고 발걸음을 옮기는
도시 밤거리의 배고픈 짤랑 인생

나

푸르고 푸른 오월은
시원한 신록의 물결
미풍은 즐거워 춤추고

한 뼘씩 자라는 목마름
숨 쉬는 황혼의 조각은
악몽보다 더 큰 외로움

천상천하 오로라의 꿈
허무맹랑 오로라의 꿈

넓은 채소밭

진해고교 옆 동네 위 넓은 채소밭
아침부터 시작하여 저녁 해 질 때까지
삽 호미 괭이와 같이하는 사람들
아래 위 옆 밭둑을 밟고 돌고 돌면서
채소밭을 바라보고 살피는 사람들은

사계절 텃바람 맞으며 살아간다
무 배추 파 시금치 상추 도라지 냉이
각종 채소들을 자식같이 보살피지만
세상에서 대접받지 못하는 생애가
어두워지는 세상을 밝히고 있다

밭에서 밭으로 되어가는 사람들
무더운 여름이면 모기향 피워 놓고
저녁밥을 맛있게 먹고 마루에 앉아서
담배를 피우다가 사르르 잠이 들면
잠든 모습 위에 별꽃들이 쏟아진다

올 듯 말 듯

애매모호한 막연한 기다림
고독한 적막은
외로운 육신을
침묵의 공간으로 이끌고

오늘도 어둠에 싸인 채
쌍바라지로 새어 나오는
어설픈 사연
눈이 부시도록 쏟아지는 달빛이

비켜가는 가로등 거리에서
마음 가는 영상 그리며
이 밤을 쓸쓸히 걷는다

가을의 회상

만나면 헤어지는 천리에 따라서
무더운 여름은 추억으로 돌아가고
어김없이 찾아오는 것은 가을이다
오곡이 익어가는 넉넉한 가을이여

시인은 시상에 수필가는 사색에 잠겨
낙엽을 밟으며 등화가친 심지에 젖어
좋은 글 마음 가는 글을 수놓기 위하여
가을을 껴안는 나의 회상의 가을이여

빛과 생명

얼굴 없는 모습으로 숨어오는 황사 먼지
흑과 백을 알 수 없는 공허와 망각의 땅
언제 맨홀에 빠져 버릴지 알 수 없는데

어느 날 잠자는영혼을 깨우는 발자국 소리가
그대에게 영원히 지지 않는 생명의 빛으로
다가와 깨달음을 알게 하는 만고萬古불허

거울을 응시하는 또 하나의 거울 앞에서
쾌락은 욕망의 개화開花로 춤을 추고
사심이 작용하면 공심이 맥없이 무너지고
욕심이 잉태하면 부서지는 남가일몽南柯一夢

그대의 말과 행동이 빈틈없이 언행일치하면
성공이라는 아름다운 꽃 중의 꽃다발을 안고
이웃과 함께 감사와 은혜의 울타리 안에서
복음의 내용을 글로 새기는 아침이 되리라

음양陰陽

티끌 하나 없이
먼지 한 점 없이
청순한 마음으로

한 생명의 또 하나의 생명체
손과 손 입술과 입술이
겹치는 떨리는 향연

사랑은 인생의 최고의 축복
자연 중 가장 아름다운 향기
하늘이 준 천은망극天恩罔極

시간은 가고

그저 아쉬움을 안고 있는 나를 본다
의지할 곳 없이 메아리는 돌아오고
메마른 흙냄새만이 콧속에 머문다

대답 없는 물음표가 바람 따라 흩어진다
흐리고 아린 하늘빛이 머리에 떨어지고
외롭게 지켜온 시간들이 눈을 붉히고 있다

슬픔인가 아픔인가 조각난 구름이 뜬다
나 홀로 나만이 이래저래 저울질하는데
일몰日沒의 노을이 머리 풀고 울고 있다

봄을 시샘하듯 내리는 눈이 옷깃에 앉는다
언제 어떻게 될런지 알 수 없는 막연한 시간
무한한 공간의 영원한 침묵이 일체유심조

두 개의 수레바퀴

인생은 두 개의 수레바퀴
하나는 우정이라는 수레바퀴
하나는 사랑이라는 수레바퀴
인생에서 우정을 떼어 보라
향기 없는 꽃과 같을 것이고
돈 놓고 돈 먹는 판이 되겠지

인생에서 사랑을 떼어 보라
꽃 없는 화원과 같을 것이고
물 없는 사막과 같을 것이고
무덤의 적막에 뉘어진 휴식 같겠지

인생에서 우정과 사랑은
떼어 버릴 수 없는 불가분의 관계
영원의 심연 속에 자리한 주성분
하나님에 대한 사랑은 아가페
남녀 간의 사랑은 에로스
이웃 간의 사랑은 필리아
이것이 천국이다 바로 이것이

홀로 깨어 있는 밤

어두움이 서서히 깊어 가면
별 빛살이 반짝반짝 밤의 침묵을
가득 채워 놓는 그런 외로움
과일의 씨가 햇빛에 깨어지듯이
아, 가려운 그리움아

창문의 의자에 앉아서 하늘 보면
정말 아름다운 무한무량의 황홀감
여백을 안아주는 홀로 깨어 있는 밤
무섭고도 놀란 경악으로 다가오듯이
아, 가려운 그리움아

다가오는 내일 또 그 내일의 밤이
시와 노래의 삽화揷話들을 만들고
인간은 나의 연인 나는 인간의 연인
별 빛살이 반짝반짝 동화되어 가듯
아, 가려운 그리움아

자화상

나 홀로 나만의 산책길에
억새풀이 하늘거리면서
차가운 겨울을 응시하고 있다

구름 속에 가려진 어설픈 꿈
스스로 부끄러워 얼굴을 가리면서
노을 빛으로 꿈틀대는 눈물이 있다

소슬한 바람이 흐느끼는 외로움
시상에서 낙서로 돌고 또 돌면서
모호한 그림자가 낙엽을 밟고 있다

징검다리

긴 세월 동안 가난의 잔설을 밟고
세상 바람 맞으며 살아온 세대가
이제 흰머리가 꿈틀대는 말미에서
마음 둘 곳 없어 고립출구의 몸부림
후회뿐인 단어로만 출렁이는 한숨
노을 자락이 힘없이 움직인다

덧없는 물음표가 흩어지는 구름
아쉬움이 절절이 얽힌 사연들로
서성이는 힘겨운 외로운 그림자
촉촉한 흙 내음만이 가슴에 젖어
이제 미련 없이 후회 없이 고개 숙인
노년이 걷는 마지막 징검다리

일상의 소망

언제나 어디서나 늘
밀고 당기며 일고 있는 소용돌이
마음의 심지를 돋우어
나부터 시원한 물이 되어야지

흙 향내 풍기는 바람의 언덕에서
무거운 바위에 주저앉아 있어도
감미로운 숨결로 모란꽃 미소처럼
나부터 깨끗한 삶이 되어야지

어저께 잘못한 부끄러운 일도
오늘 깨닫고 만나야 하기에
올무에서 벗어나 새로운 마음으로
나부터 모자라는 쪽으로 베풀어야지

여명黎明

이 밤도 고요히 깊어간다
고요한 밤은 안식의 시간
고요한 밤은 명상의 시간

잠자리에 들기 전 무릎 꿇고 잠시나마
내가 나하고 대화할 수 있는 시간
빛과 어두움이 오고가는 교차로에서
어떤 변명도 할 수 없는 양심의 소리에

회오와 사색의 눈초리를 세워
산란한 마음을 고요하게 앉히는
자아성찰의 아름다운 외로움은
나다운 내가 새롭게 태어나는

아, 감격스런 여명의 새벽

아, 물 한 모금

커다란 아쉬움이
밤이면 밤마다
어둠을 타고 속삭이듯
가슴에 다가온다

회색진 바람 소리 따라서
끝없이 밀려오는 설움의 조각들
서투른 낙서落書로 꿈속을 헤매다가
깨어보니 모두가 공허와 허탈감

이제 거추장스런 위선과 환상을
말끔히 씻어 떨쳐 버리고
타는 목마름 침묵의 갈증을
깨끗하게 해소하기 위하여

아, 시원한 물 한 모금이여

진행형

달빛 그림자가 머리에 내려앉으면
이어가는 추억이 에메랄드처럼 빛나고
한 폭의 아름다운 동양화처럼 보인다

어두운 여백을 새롭게 꾸미고 싶은
설렘과 환희로 고운 그리움을 안고
커피잔에 따끈한 아지랑이가 피어오른다

공중으로 날아가려는 사랑을 허락하듯
같은 방향을 향해 함께 가는 이야기
언제나 자욱한 향기 달콤한 화원이 된다

높은 하늘 보면서

잃어버린 것을 잃어버렸다고 못 하고
버릇처럼 굳어버린 그늘진 암흑 속에서
진정한 삶의 무게를 인식하지 못하고
후회만으로 몸부림치는 삭막한 발자국
아주 가까이 다가온 세월의 말미에서

사라지려는 영혼의 모습을 움켜잡고
흐려진 눈을 닦으며 남은 작은 시간을
하늘을 향해 두 손 모아 빌고 비는 천문天門
내 인생 서러움 한편으로
기다림에 비가 내릴 때…

■ 평설

일체 유문심조의 칠순 수첩

전문수(시인 · 창원대학교 명예교수)

■ 평설

일체 유문심조一切唯文心造의 칠순 수첩

전문수(시인 · 창원대학교 명예교수)

브리태니커 백과사전에 의하면 일체유심조라는 성어는 〈화엄경〉에 '만일 사람들이 삼세일체불을 알려고 한다면 마땅히 법계의 본성이 모두가 마음의 짓는 바에 달려 있음을 보라' 는 글에서 나왔다고 한다. 〈화엄경〉은 석가모니의 가르침을 담은 방대한 분량의 대승불교 경전이다. 법계는 법의 종류, 영역, 본성 등 다양한 의미를 지닌 불교 용어로 세계, 우주 전체와 진리 그 자체인 진여를 의미한다. 따라서 인과의 이치에 지배되고 있는 범위를 뜻한다. 모든 법계는 마음의 산물인 것이다. 일체유심조와 관련된 이야기로 신라의 고승 원효대사의 사례가 있다.

661년 원효는 의상과 함께 당나라에 가기 위해 당항성으로 가는 도중 일체유심조를 깨닫고 다시 신라로 돌아왔다고 전해진다.

여행 도중 동굴 속에서 자다가 목이 말라서 물을 찾아 시원하게 마셨는데 아침에 깨어보니 죽은 자의 해골 속 물이었다. 순간 그 시원했던 물이 불결해져 구토를 하게 되는 순간 모든 희로애락은 마음속에 있다는 것을 깨달은 것이다.

이 위대한 성어는 이미 불교계를 넘어 일상의 상식이 된 바 오래지만 명파 팽성갑 님이 내게 보내온 시집 원고를 받고 역시 그의 시는 일체 유문심조一切唯文心造 또는 문심조라는 생각을 하게 됨으로써 새삼 시에 대한 재음미를 하게 되었다.

문심 또는 시심은 만물을 읽어내는 힘을 가졌다고 본다. 즉 우리 인간이 살아가면서 오감으로 감각하는 모든 사물을 독서할 수 있는 힘이 문심이라는 것이다. 이런 문심을 가진 자는 반드시 세사의 여러 사물에서 자기만의 길을 찾아 걷는 자라고 필자는 믿는다. 왜냐하면 인간을 위여한 모든 존재들은 모두 인간에 의존해서 의미가 만들어지기 때문이다. 즉 인간의 마음에 의해 의미가 만들어지지 않고는 아무 소용이 없다는 것이다. 더구나 사물의 심조가 문장으로까지 읽히게 하는 것이 문심조라 한다면 단순한 심조만의 경지를 훨씬 넘어서는 것이 시세계이니 그 품격이 더할 것이다. 그래서 시는 짧은 글이라도 그 격을 감당한다.

나는 명파의 시를 보면서 시와 인생의 단계를 깊이 생각해 본다. 공자는 50세의 지천명, 60세의 이순을 인생 경륜의 경지로 보았지만 70세에 대한 언급은 없었다. 그러나 언제부터인가 70세를 고래희라는 장수의 축하를 보내기 시작했다. 필자는 이 고래희라는 70세의 연치를 시적 성역의 자리로 감히 매김하고 싶다. 60세의 이순이 모든 사물의 이치에 순통함이라면 70세는 저 조선 후기의 실학자 연암 박지원의 문정론文情論처럼 모든 사물의 색성정경色聲情境에 통달함이라는 인생 달관 단계로 이어진다고 보기 때문이다. 즉 인생 70이면 이제 그 나이에 들어선 삶 자체가 문정이요 곧 시적 경지詩的境地라는 것이다.

모든 사물이 인생 70세에 이르면 굳이 시문을 조탁하지 않아도 마음만으로 다 시정詩情이요 시경詩境이라는 훈장을 달아 주어도 좋다는 뜻이다. 문심 안, 문심 이, 문심 미, 문심 향을 70 고래희에서는 나름의 경지에 이를 것이라는 것이다. 아무리 백두의 촌부라도 삶의 도인에 이른다는 뜻이다.

희로애락 말라버린 칠순의 수첩

…중략…

세상은 누구나 외로운 것
고독은 혼자 즐기는
내 곁의 따뜻한 차 한 잔과 음악
늘 해질녘 노을로 머물고 싶다

—〈칠순의 수첩〉 일부

조용히 원곡 없는 음악을 듣고
즐기는 시간이 가장 행복하다
아무것도 한점 부럽지 않다.

나의 이해가 꿈꾸는 집
시원한 물 한 모금을 담고 있는
나만의 정겨운 사랑의 잔 하나

—〈잔 하나〉 일부

인생 칠순에 깊숙이 들면 인생이 잔 하나의 경지에까지 이른다. 이는 명파가 인생의 경지를 시적 비유로 단숨에 움켜쥔 것이다. 이 시가 시적 표현이나 미학적 긴장의 경탄 이전의 시적 심안이라 본다면 굳이 기교의 필요가 이 연치에 무슨 소용이 있겠는가 하는 것이다.

인생이 시안詩眼으로 보이고 시이詩耳로 들리고 시미詩味를 맛보고 시향詩香을 즐긴다면 무슨 시적 기교가 필요한가 싶은 것이다. 이런 경지의 인생이면 인생 자체가 시적 경지인 것이 분명하다.

물론 이런 잔 하나는 여러 갈래의 잔이 있을 것이다. 중요한 건 인생의 복잡다단한 모든 것을 아주 단순화는 사고의 경지가 시적이라는 점이다. 누구를 위한 시가 아니라 내가 달게 마시는 한 모금 시심이면 족하다는 것이 명파의 시애詩愛이기 때문이다.

이는 다음과 같은 시에서 이를 잘 보여 주는 세계이다.

해맑은 묵시默視의 느낌에서
침묵을 깨는 생명의 소리에
파란 하늘이 눈 속에 들어와
살며시 움직이는 모나미 볼펜
무신불립 나 홀로 나만의 낙서
묵회默會 속에서 배운 깨달음

—〈나 홀로, 나만의 낙서〉 일부

나 홀로만의 낙서를 즐기는 고독을 묵회하는 것이다. 인생의 고희를 깨달은 것이다.

1. 고독한 순애보의 시

명파의 시를 이루는 기저는 30여 년의 순애보에 있다고 보인다. 인생 동반자 아내와 사별하고 30년을 훌쩍 넘어서까지 홀로 그리움과 아쉬움의 순애보를 써온 세월이 고독의 차 한 잔으로 인생을 축약할 줄 알게 했다고 생각된다.

명파의 많은 시편들이 그리움과 고독을 주제의식으로 점철되고 있다.

기약 없는 기다림 속의
고요한 적막과 외로움은
애절한 그리움으로 목마르고
애틋한 마음 그대를 향해
오늘도 고독을 알리고자 해도
왠지 한숨으로 새어나오는 사연

동짓달 긴 대지 위에서
부시도록 쏟아지는 달빛에
의지할 곳 없는 몸을 맡기며
이저리 저 거리 회색진 거리에서
오직 그대 영상만 가득 그리며
오늘도 이 밤을 지새운다.

—〈그리는 마음〉 전부

고운 님을 잃은 애절함을 절절하게 부르짖고 있는 시다. 아픈 심정의 시이다. 절제나 형상적 정제를 노릴 사치스러움의 여유가 없는 절규가

심정 그대로 토해지고 있다. 이런 측면에서 보면 시는 문자화 이전의 정감 상태에서가 진정한 시가 아닌가 싶기도 하다. 본래 시는 누구에게 보여주기 위해서 계획적으로 조사措辭 내지 언어가 조탁彫琢되는 것이 아니었다.

자기 자신의 삶에 대한 고급한 세련이요 위안이요 차원을 넘어서는 지양이었다. 혹 누군가가 이런 자기의 내적 진실을 훔쳐보고 다른 이에게 전언되면서 공감을 얻어 간 것이다. 그래서 훌륭한 독자도 시인이라고 할 수 있을 것 같다.

차라리 언어의 세련성을 얻기 전 원시성 그 상태로의 생감정이 진실일 수 있다고 본다. 한 많은 삶의 피울 같은 신세타령이 우리 필부필부들의 시가 아닌가 싶기도 하다. 명파의 시는 이런 점에서 구김 없는 원초적 건강성을 확보하고 있는지 모른다.

비 내리는 날은 그리움을 안고
옛 추억이 짙은 향기가 피어나는
그 카페 불빛 은은한 구석자리

…중략…

지난 시간은 과거의 어느 날
그 사람은 없고 이제 홀로 남겨진 채
차갑게 식어가는 찻잔 속 옛 추억

…중략…

서로가 서로를 잃어버린 아쉬운 반쪽
헤어지던 그날처럼 비가 내리고
이제 때 묻은 마음이라 비에 씻어 보지만
오히려 내 몸은 새 모습으로 핀다.

—〈문화공간 별실〉 일부

세월이 흐를수록 추억은 더 선명해지고 아름다워진다. 반쪽을 잃은 상실감에 언제나 삶은 기운다. 우리는 이런 아픔을 체험하지 않고는 그 절실함을 모른다. 시적 자아의 아픔은 이런 문화 공간에서도 떨칠 수가 없다. 그래서 애절함의 순수가 시를 쓰지 않을 수 없게 한다.

문학을 가치 있는 체험의 기록이라고 한 그 체험이란 온몸으로 터득한 진실을 말한다. 단순한 경험이 아니라 삶의 전부로 내면화된 것이다. 명파의 시는 이런 원시적 절규에 매력이 있다. 그의 시 곳곳에서 나만의 낙서라는 말이 자주 보이는 것은 꾸밈없는 낙서를 자신은 소유하고 싶은 것이었다.

아래의 시는 이제 시인 자신의 몸이 한 잔 속 국화로 화신되어서 사랑하는 그 임에게 다가가고 싶은 것이다. 직접 님에게 전언되지 못하는 애절함이 잘 드러난 시이다

신성한 바람이 살며시
어디엔가 머물고 싶을 때
나는 한 잔의 정결한
차가 되고 싶다.

욕심 없이 뿌리고 싶은
고운 언어를 담아서
당신의 하얀 미소를 풀어내기 위해서

물오른 당신의 입술을
살포시 적시게 하는
한 잔의 국화차가 되고 싶다.
9월의 길목에서

—〈한 잔의 국화차〉 일부

〈그녀의 사〉〈미소의 꽃〉〈세월〉〈이별 그 후〉 등 다양한 순애보의 시들이 흉금을 울린다.

2. 정경과 관조의 세계

정경情境이란 시적 정서의 관조적 경지를 이르는 말이다. 모든 사물은 애환의 다양한 대상이다. 보는 눈에 따라서, 듣는 귀에 따라서, 냄새 맡는 향기에 따라서 우리의 오욕칠정을 일으킨다. 그러나 그 인간의 오욕칠정들은 삶의 진실을 가로막거나 허망한 망상으로 자신의 정체를 방해한다. 사물의 관조가 이래서 정사靜思에 필요하다.

시는 그 정사에서 시작되고 그 종결은 하나의 경지를 이룬다. 사실 시의 지혜는 여기에서 이루어지고 그 뜻은 심오해진다. 시 한 구절 문장 하나가 시의 성패를 결정하는 것도 이 경지에 도달하지 못할 때이다. 그래서 시인은 누구나 이 노력에 혼신을 쏟는다. 그렇다고 절대적 경지에 이른다는 것은 있을 수 없다. 세계의 존재 깊이나 넓이는 무한이고 그 격도 무한이다. 다만 최선에 이르도록 절차탁마하는 것으로 자족할 수밖에는 없다.

시인은 좋은 명구 한 구절을 얻을 때면 무한이 기뻐하고 마치 낚시의 손맛에 매혹되는 것과 같은 미적 쾌락으로 시를 놓지 못하는 것이다.

명파의 다음 시는 그 시적 초입에서도 좋은 출발을 하는 흔하지 않는 모습을 보이고 있다.

황토빛 밟고 가는 길
산사로 가는 길가에
한 방울 한 방울씩 떨어진
물이 고인 작은 웅덩이에
구름 한점 내려와 목욕을 한다.

옆에는 바위 방석이 누워 있어
산이 좋아 산을 타는
산사람들의 알뜰한 쉼터
물빛만 보고도 타는 목을 축인다

산사 노스님 한 분이 오르는 길에서
한 점 구름처럼 산새 소리에
떠 있으시다

—〈산사 가는 길〉 전부

흰 구름 한 점처럼 산을 오른 노스님의 가사 자락이 미풍에 나부끼듯 산새 소리에 뜬다는 것이다. 구름이 목욕을 한다는 정관도 물론 절구이고 사물의 미적 구성도 수준급이다.

이런 정경情境을 관조해 내는 힘이 시의 힘이고 그야말로 천기누설이다. 시인은 이런 자만으로 제멋에 취해서 사는 존재이다.

투박한 발돋움이 안개 속을 걸어간다
잠을 깬 눈 끝 세워 햇살 자락 걸어 놓고
보일 듯 안 닿는 세월 따라가는 그림자

밀물이 수평선을 열면 이름 모를 섬으로 뜨고
발가벗은 차도는 굴러 뜨는 많은 소용돌이
바람은 짠맛 싣고 해변에 닿아 흩어진다.

…중략…

겨운 삶의 갈기를 세워 파도는 오는가?
썰물로 돌아오지 않는 수평선 목마른 노래여

—〈진해구 해변에서〉 일부

사적인 주관을 객관화하는 시각이 제자리를 잡고 있다. 참된 존재는 저만치 거기에 있음을 시인은 보아 낸 것이다. 특히 첫 기구의 연이 정좌해서 튼튼하게 시를 이끌어 가고 있다.

서서히 열리는 아침
매일 같은 골목길이
오늘은 어색하게 열린다

찬바람이 마른 나뭇가지를
흔들고 쓸어간 뒷자리
참새 한 마리가
바싹 여윈 계절 끝에서
짹짹거리며 울고 있다.

봄을 부르고 있다.

—〈참새 한 마리〉 전부

사물들이 특정 연속성 속에서 의미 있게 맺어지는 순간의 존재를 발견한 것이다. 이런 시의 눈을 가지는 것이 시인이다. 이를 일러 혜안이라고 한다. 시인은 이런 시력의 능력을 길러가야 한다. 명파의 시 세계가 이처럼 발전해 가길 바란다.

3. 좋은 시적 삶

이 글 서두에서 언급한 것처럼 시인은 시적 생활을 잘 가꾸어 가야 한다고 본다. 시인의 삶은 높은 도덕적 윤리의 준수나 사회생활에서의 인격적 귀감이 되는 특별한 덕목을 요구하는 것이 아니라 자신의 삶을 우주 전체의 생명 현상 속에서 진실을 세우는 것에 매달리는 것이다. 사물들 앞에서 교만하지 않고 겸손하며 세속적인 분별로 중심을 흔들지 않는 것이다.

왜 굳이 시를 써야만 하는가는 계속해서 물으면서 살아야 한다. 결코 시인임을 낯내기 위해서가 아니라 자기의 낮춤을 통해서 그야말로 화광동진하기 위한 자리에 들고 싶어서라고 본다.

명파의 시가 그 연치의 수첩이 되는 이치도 이와 같다.

참된 인생수첩은 무엇을 의미하는 걸가? 마지막 인생의 수첩을 시 수첩으로 만든 것이 매우 지혜롭다고 할 수 있다. 이 수첩은 인생을 가장 고급하게 정화시키면서 평화와 화해의 아름다운 지향을 꿈꾸기 때문이다.

명파의 70 고희의 시 수첩이 계속 아름답게 기록되어 가기를 기원한다.

나 홀로, 나만의 낙서
팽성갑 시집

펴낸날 2015년 7월 14일

지은이 팽 성 갑
펴낸이 오 하 룡
펴낸곳 도서출판 경남

주 소 창원시 마산합포구 몽고정길 2-1
전 화 (055) 245-8818~8819
전자메일 gnbook@empas.com
출판등록 제567-1호(1985. 5. 6)
편집팀 오태민 | 심경애 | 구도희

ISBN 978-89-7675-992-4-03810

값 12,000원